瞑想で「本当の自分」に出会う

ヒマラヤ大聖者の智慧

ヨグマタ　相川圭子

世界文化社

◉目次

第2章

心（マインド）を手放し、魂を磨く

第3章　「カルマ」から解放される……101

第4章

天とつながって生きる……143

第5章 宇宙は愛に満ちている ……183

はじめに

誰もが幸せになりたいと、一生懸命生きています。ところが、みなさん、なかなか思うようにはいかないようです。

未来が不透明で、情報の氾濫する現代社会では、ストレスを抱える人が増えており、それに呼応するように瞑想や「マインドフルネス」など、心穏やかに生きるための知恵が求められています。

私は今こそ、現代を生きる人々に、真に幸せになれる教えをシェアしていただきたいと思うのです。この本はそのための、真理の書です。

私がヒマラヤの奥深くで、死を超える不死になる修行を行い、体験した真理を、ぎっしり詰め込んでいます。

なかには難しい表現もあるかもしれませんが、無理に理解しようとはせず、そのまま受け止め、感じてください。頭で理解するのではなく、魂に染み込ませていくような感じにしてほしいのです。

1986年、私は不思議なご縁でお会いした、伝説のヒマラヤ大聖者ハリババジをマスターとして、ヒマラヤの秘境で修行をすることになりました。それから数年にわたり、標高5千mを超えるヒマラヤ奥地の山にこもって、真理を求め修行したのです。社会生活から離れ、瞑想し、心（マインド）と体を浄化して、内側を透明にし、その奥深くに何があるのかと探求していきました。私たちの究極の存在が何であるのかということを、身をもって、さらには実践を通じて体験してきました。

それは、心身、魂のすべてが浄化され、純粋な魂、「本当の自分」になるということです。神と一体となるという体験なのです。

そうして、究極のサマディ（悟り）に達したのです。

今から5千年以上も前、物質的に何もない時代に生まれた修行法であるからこそ、心と体にしっかりと向き合うことができ、魂とは何なのかがわかったのだと思っています。

そして、その後マスターの命により、何十万人もの人々の前で、真理の証明と、平和と愛と真理のシェアのため、公開で「アンダーグラウンド・サマディ」を行ってきました。

空気も入らないような密閉された地下窟に入り、瞑想を超え、究極のサマディに4日間没入して、神我一如となった後、復活してきたのです。

1991～2007年のあいだにインド政府公認のもと、計18回の「アンダーグラウンド・サマディ」を、多くの人々が見守るなか、公開で行いました。

私は真理と一体になり、人を最速で幸せにする力をいただきました。ですから今、それをみなさんとシェアし、それぞれが才能を発揮し、自由に羽ばたくお手伝いをさせていただいているところです。

みなさんを幸せにするため、私は真理を日本に根付かせていきたいのです。

みなさんの意識のレベルが高くなり、「愛の人」「平和の人」になって、素晴らしい人間に成長していくように。そして、世の中から争いがなくなり、愛に満ちた、お互いを助け合う、平和な社会が実現できるように。

そのためには、みなさんに瞑想を始めていただき、「本当の自分」と出会っていただきたいと思います。心の奥底にある「本当の自分」、魂が喜ぶ、本当の生き方をしていただきたいのです。

この真理の書が、その入り口となれば、これに勝る喜びはありません。

ヨグマタ　相川圭子

第1章

魂（＝本当の自分）と心（マインド）の不思議な関係

心（マインド）の汚れが魂（＝本当の自分）を覆っています

心（マインド）が発達しているのは、人間だけです。

人間は幸せに生きるため、衣食住を豊かにするものをつくりだしてきました。危険を回避し、生命を豊かに成長させていくために、心を発達させてきたといえるでしょう。

そもそも心は、視覚、聴覚、味覚、嗅覚、触覚などの感覚から発達してきたものです。感覚から得た様々な情報の中から、自分に必要な良い情報を識別した上で取り入れ、心は成長していきます。

役立つ情報が入ってくれれば、生命エネルギーが働いて、心は磁石のように、それをしっかりとくっつけるのです。

また、様々な体験を通して得た感動も、心の中に記憶されていきます。欲望が満たされて嬉しかったり、満たされなくて悲しかったり、寂しかったり、怒ったりといった感情、いわゆる喜怒哀楽の心もそうして発達してきました。

心の働きは基本的に、常に自らの命をつないでいこうとします。何か不足があれば、感情がサインとして働き、何かしらのバランスをとるために、心と体は行動をとるのです。諦めたり、進んだり、止まったりと、それらは命をつなげるためのバランスなのです。

人間の行動はすべて過去に学んだもの、過去の記憶に由来しています。そして、心の働きを注意深く見てみると、自分にとって一番守りになるものを選んでいることがわかるでしょう。

つまり、心（マインド）とは、人間が生きるために発達させたエゴ（自我）の塊なのです。人は生まれ落ちた時、いやその前から、この心の汚れが魂（＝本当の自分）を覆ってしまっています。自己防衛をしながら生きていますが、無知や怒り、欲望が次第に過剰になり、心と体のバランスを崩して病に倒れる人も多く出てきました。

そして今や、バランスが崩れているのは、人間の心身だけではありません。

過剰な人間の営みによって、自然そのものもバランスが崩れ、それが広がっていくいっぽうです。地震や津波、火山の噴火がよく起こるようになりました。すさまじい猛暑に大型の台風、集中豪雨や竜巻、または干ばつや寒波といった、今まではなかった極端な気候、異常気象が世界各地でひんぱんに起こっています。

人間は物の豊かさを得た反面、抱える苦しみや不安がどんどん大きくなってきているように思います。すべてを征服していくかのように発展する社会において、一方では自分の心（マインド）すら制御できず、様々なもののバランスをも壊して、なおも苦しみの中にいるのが今の人間なのです。

心（マインド）とは、
人間が生きるために発達させた
エゴ（自我）の塊。

「本当の自分」はパーフェクト

最初に真理を言ってしまえば、「本当の自分」はパーフェクトなのです。人は誰もがみんなそうです。

すべてが満ちていて、豊かな知恵をもった、愛の存在。誰もが素晴らしい存在なのです。

ところが、すべてのことを心（マインド）で捉えているために、それがわからなくなってしまうのです。自分に不足のところを見つけ、その不足のところが欲しくなります。また、不足のところがブロック（妨害）ともなり、「自分はダメだ、何もできない」とか、「あの人がうらやましい」とか思うようになっていくのです。

心（マインド）がダメな自分にはまっていると、ダメな自分になります。

こうした心の働きに気づいてください。

ヒマラヤシッダー瞑想を始めて、そういう心（マインド）を浄化し空っぽにして、心の奥にある愛の海に出会っていったらいいのです。

すると、生命力が高まります。仕事も一生懸命やって、良い仕事をすればまわりに感謝され、どんどん仕事もくるようになります。人からも愛されます。お金も自然に後からついてくるでしょうから、お金持ちにもなれます。


基本は、自分はいったい誰なのか？　ということです。

「本当の自分」とは何か？

そのパーフェクトな自分を取り戻すためには、自分の奥深くの中心にある創造の源につながらなければなりません。それを発見していくのです。同時にそこから知恵とパワーと愛をいただきます。

常に中心につながり、「自分はダメだ、自分にはできない」というような否定的な心（マインド）を手放していきましょう。新しい生き方を身につけていくのです。今を生きるということです。良いエネルギーに変わる生き方をしていくのです。内側からパワフルになることができれば、深いところからの意識が変わってくるでしょう。

そして良い原因からは良い結果が生まれてきます。そのくり返しが多くなれば、自然にいらないものは消えたり、落ちていったりするでしょう。

世の中にはいろいろな潜在能力の開発法がありますが、それらは表層のマインドレベルのものが多いのです。いくら頑張っても、少しでも疑いの心（マインド）が生まれてしまえば効果は失われ、やめてしまえば元に戻ってしまいます。

結局、根本的に本質を変えていく道、絶対に飽きない道に進まないとダメなのです。それは、あなたが生まれてきたところ、そこへ還《かえ》りたいという究極の目的を叶える道でもあります。「本当の自分」を取り戻す、その目的と共にあれば、心（マインド）の歓びは枝葉のことであり、その途中の目的に過ぎないとわかるのです。

自分の中心にある
創造の源につながる。

自分という小宇宙にすべてがあります

私たちは心（マインド）に欲望を抱き、それを求めて生きています。欲望に翻弄されているのです。

心をクリエイティブに使い、欲しいものを手に入れて豊かに暮らしています。しかし、そこには常に人との競争があります。心が平和な時もありますが、何か満たされない時もあります。瞑想をするとわかるのですが、心は常に何かを捕まえ勝ち取ろうとして、自己防衛をするのです。競争社会では、常に人と比較をしてしまいます。相手をジャッジ（批判・非難）します。嫌いだと排除します。誰かに何かを奪われそうになると、怒ることで必死に守るかもしれません。あるいは優越感を感じたりと、常に揺れ動く心の使い方になってしまっています。そこには安らぎがなく、常に不安であり、苦しみがあります。たとえ幸せを感じたとしても、心の奥深くは何か満ちていないのです。もっと美しい心の使い方がないものかと思います。

ヒマラヤ聖者は、すべての創造の源、神に出会いたいと、偉大な力を求め、真理になっていくことを求めたのです。人は暗闇の中で苦しんでいます。人は苦しむために生まれてきたのだろうかと疑問に思い、生きる本当の目的があるはずだと思い、それを探し当てたのです。そして瞑想を発見したのです。心を浄めて鎮め、自分の中に何があるのかを見ていったのです。通常、心はコントロールされず、欲望のまま、ジャッジ（批判・非難）し、排除し、怒り……。そのような心の使い方になってしまっています。

ヒマラヤシッダー瞑想を始めると、心の奥底の魂である「本当の自分」、永遠の存在とつながって、パワーがいただけます。さらに瞑想で心を浄化することで、やがて「今にいる」ことができるようになるのです。

ヒマラヤシッダー瞑想によって、エゴ（自我）の心（マインド）を手放していきます。そして「本当の自分」、永遠の存在とつながり、平和な愛の心をもって人に接するのです。

心の奥底には愛の海があります。自分という小宇宙の中にはすべてがあります。

信頼して愛をもって人と対面すれば、相手の愛も目覚めます。愛をプラスアルファして、敵対する心、競争する心を萎えさせ、良い人間関係を築いていきましょう。相手も神様から送られてきた存在ですから、あなたも必ず何かを学びとれるのです。例えば、「こういう心もあるんだ」と自分の中のものが相手によって引き出され、理解するということもあるでしょう。

すべてが学びであり、気づきが必要です。生きている24時間が修行なのです。

みなさん、どんどん「愛の人」「平和の人」になっていきましょう。そうすることで、あなたの願いも自然に叶っていくのです。

愛をもって対面すれば、
相手の愛も目覚める。

自分の心（マインド）に気づきましょう

ヒマラヤシッダー瞑想をすれば、心（マインド）の働きやとらわれが見えてきます。心が鎮まり、深いところにある本質が現れてきます。心を超えたところに「本当の自分」があるのです。魂です。それに近づくことで「今にいる」ことができます。

では、「今にいる」ということは、どういうことでしょう？

それは、今ここで、すべてを実感している、ということです。心が動かないという状態なのです。過去の出来事に執着せず、未来にとらわれないということ。意識が自然と真ん中に位置して、今に集中しているということです。

でも、これがなかなかできないことなのです。

心はいつもあちらに行ったり、こちらに行ったりして何かにとらわれ何かを考えています。しっかり「今にいる」ということがなかなかできません。

まずは、自分がいつも「今にいないのだ」ということを理解する必要があります。

そうすると、普段の自分の心の状態に気づいていきます。そして「ああ、なんだかすごく、あちらこちらに心が動いているのだなあ」と知ってください。それがまず第一歩です。

そして、心（マインド）って何なのか？　と見つめていくのです。

どういう心が自分の中にあるのか？　という気づきを深めましょう。そういう作業をしていけば、すごく人生が豊かになると思います。

すべてが学びです。知識を「知恵」にしていき、進化するのです。いっぱい知識があり、たくさんものを知っているだけでは幸せになれません。知れば安心して生きられる、ということもあるでしょうが、それだけでは不十分なのです。

愛する人を失ったりした場合、とても悲しみます。その悲しみはいくら知識があっても癒やすことはできません。いったいどうしたらいいのでしょうか？

そういったことも、自分の内側で見ていくのです。悲しみはどこからくるのか？　心とは何なのか？　ということがわかってくると、違ってきます。

すべては宇宙の法則で、形あるものはすべて、その役割を終えると死んでいかなければならない、という真理があります。

また、本当は愛していたのではなく、依存していただけであり、その人のエネルギーを奪っていたという場合もあります。そして、関係がなくなってしまい、そのエネルギーをもらえないからこそ、すごく落ち込むのだ、ということもあるのです。

本当の愛とは何なのか？

どうやって愛したらいいのか？

どのように成長したらいいのか？

そういうことを自ら問いかけ、実体験から学んでいきましょう。

知識を吸収して蓄積するのではなく、生きていくことに生かせる「知恵の人」となるようにしましょう。

過去の出来事に執着せず
未来にとらわれない。

何事も気づきをもって見るのです

ある講演会で、「私、すごく肩こりがするんです」という方がいて、「これは良いことなのでしょうか？　良くないことなのでしょうか？」と訊《たず》ねてこられました。

物事にはすべて原因があって、結果があります。ですから、ずっと良いことをしているつもりでも、気づかないうちに悪いことをしていれば、物事が悪くなることもあります。そして、故障が表に出てくると、今度はそれをカバーするため、別のところを悪くしたりもします。

例えば右足が痛ければ、使わないようにするあまり、今度は左足に負担をかけて、左の膝が痛くなってしまったりする。そして、今度は左の膝だけを治そうとします。元の原因は右足にあるのに、すっかり忘れているのです。

そもそも、何がきっかけで右足は痛くなったのでしょうか？　骨盤のバランスがとれないとか。あるいは、仕事をしすぎているとか。それとも単なる運動不足か？　また、運動を十分やっていても、体の一部を使いすぎれば故障することもあります。アスリートたちもよく無理をしています。

原因がフィジカルのレベルであれば、臍《へそ》の下「丹田《たんでん》」に意識を向け、重心を下にして、中心を下にもってくるといいでしょう。

しかし、心（マインド）のレベルであるのなら、気にかかることがあると、ついそちらへエネルギーが集中してしまう心（マインド）を、どうバランスのとれた状態にしていくか、ということを考えなくてはなりません。何事もバランスをとることが大切です。

講演で訊ねられた肩こりについては、生理的に考えて、やはり血行を良くしなければならないと思います。異常なところにエネルギーは集まりやすく、そこに固着しているというか、たまっているということがあります。そういうエネルギーは分散させたほうがいいからです。

さらに、心（マインド）の使い方としては、自分を信じるのです。様々な出来事の中でもぶれることなく、高次元の存在につながり、それを信じるのです。そこからパワーをいただけるのです。心配につながるのではなく、常に安心する心でいることができるのです。

誰もが、こうした日常の様々な出来事をきっかけに、学ぶことが大切です。何事も気づきをもって見る、ということを心がけ、「今にいる」ということを意識していけば、やがてその問題はどうして起きたのか、原因が自分でもわかってくるようになるでしょう。

人に「こうしろ、ああしろ」と言われても、もしかしたらそれは的外れかもしれません。自分で気づいていくということが、自分で治していくということにもつながります。

そのためにも、瞑想を始めるといいのです。

瞑想は、自分で気づいていく行為でもあるからです。

自分で気づくことが
自分で治すこと。

人それぞれ違う心（マインド）をもっています

フロイト、ユングといった精神医学者から始まって、現代社会では人の心（マインド）の研究がとても盛んです。

しかし、あまり心ばかりを研究していると、「心が外れなくなってしまう」「心を信じてしまう」という事態が起きてきます。

自分の信条を守り、自分の価値観を固く信じ込んでいると、つい人に「ああだ、こうだ」と言ってしまいます。強く信じるあまり、人に自分の考えを押し付けてしまうのです。言ったあなたは「自分が正しい」と信じているのでいいですが、言われた人は心の中で反発しますから、時に人間関係がうまくいかなくなったりします。すごく勉強して優秀なのに、一生懸命努力しているのに、みんなが離れていってしまう。

そういったことが現実によく起きているのです。

あなたは「一生懸命に努力しさえすれば、必ず人生はうまくいく」と考えているかもしれません。しかし、ついつい自分の価値観と違うところが目について、「あの人は正しくない！」と間違いを指摘してしまうのです。あなたはそうなっていませんか。そういうことをくり返していると、やがては人間関係がうまくいかなくなったり、自分の思い通りにならない苛立ちを募らせることになるのです。


あなたは、どんな価値観をもっているのでしょうか？

人はそれぞれ、みんな違う心をもっています。同じものを見ても、人によって受け取り方が違います。

色や形を見て、いろいろ想像し連想するのは、その人の「過去生」からきています。

過去の体験が記憶に刻まれているために、そこにプラスアルファの好き嫌い、いろいろな気持ちがくっついて、それで判断をしているわけです。

心は芋づる式に、原因があって結果、原因があって結果……と、それが連綿と続き、積み重なっていくものです。

そして、聴覚、味覚、視覚、嗅覚、触覚、いろいろな私たちの体の機能や、目や耳、鼻や舌といった器官は、いわば自動的に反応する機械のようなものです。自分の気になるものしか、自分の見たいようにしか、見えないようになっています。だからこそ、同じものを見ても、人によって解釈が違うわけです。

人は、それぞれ自分の「過去生」からの記憶でものを見ているので、本当に純粋な意識でしっかりと見ていないのです。

そういう意味では、この世のものはすべてイリュージョン（幻影・幻想）です。

本当にしっかりとものを見られるようになるためには、瞑想によって心の内側を浄《きよ》めていくしかありません。そうして無心でいる、それが「今にいる」ということでもあるのです。

自分の価値観を信じるあまり
人に考えを押し付けてしまう。

偽りの自分を演じないで

心（マインド）は楽しみを求め、常に何かを探しています。旅行や買い物、趣味など、新しい何かを知るというのは、すごく楽しいことですが、果たしてそれが幸せなのか気づく必要があります。楽しいことであっても、それもある種の執着であり、エネルギーの消耗で、やがて疲れていくのです。

何かに夢中になるということは、精神がそこに向いて心配事を忘れて楽しいことではあるのですが、やはりエネルギーは消耗して、やがて疲弊するのです。

何に精神を統一しているかということもポイントで、会社の倒産、いじめ……など大きな苦しみがあると、一日でげっそりとやつれてしまうほどです。

精神状態が悪い時にはものすごくエネルギーを消耗しますが、たとえ良いことに一生懸命でも消耗しているのです。まわりを気にして人によく思われたいというような、エゴ（自我）の心で何かを行っていると、やはり疲れてしまうのです。

夜寝ることで回復できている時期もあります。いろいろな依存で、自分をごまかしているのです。やがてその心の使い方、特有の「心の癖」が過剰になったりして、疲れ切ってしまうと、寝てもなかなか回復しません。人によってはいろいろ抱え込みすぎて、夜中に悪夢を見たり、のたうちまわったりすることもあるようです。

一生懸命生きていても、やればやるほどこじれてしまったり、まわりからは良い人だからと期待され、たくさんの用事を頼まれ、一人で抱え込んだりすることもあります。なかには、ボランティア活動を一生懸命にして、人との関係に疲れてしまったり、仕事をやりすぎて病気になってしまう人もいるでしょう。そこにエゴがあると、結局、偽りの自分を演じていることになってしまうのです。ですから疲れてしまうのです。

これは、思い込みの自分、あなたの心に振り回された生き方です。本当の生き方は何なのか、それを探っていきましょう。あなたの内側から輝いていきます。

ヒマラヤシッダーマスターの恩恵に出会い、瞑想を始めてください。

瞑想すると、空っぽな心になって、無意識に染みついてしまった「心の癖」を取り除いていくことができます。本当の純粋な姿になっていくことができるのです。

計り知れない長い時間を経て、何生も何生も輪廻転生をくり返し、自己を守るために「過去生」からいろいろな癖がついてきています。それが今の自分のキャラクターであり、人となりです。もっと自分を知るとよいのです。なぜその癖があるのかがわかり、それがほどけていくのです。気づくことで知恵が磨かれていくのです。

知恵は勉強して得る知識とは違います。自分自身で気づき、小さな悟りを得ていくということです。自分自身の内側に何があるのかに気づき、見つめていくのです。深い働きである「知恵」を目覚めさせ、心（マインド）の思い込みを手放していくのです。

ヒマラヤシッダー瞑想は、あなたの心の奥の魂、「本当の自分」、生命の源泉につなげます。内側からパワーを引き出して、生きることを楽にしてくれるのです。

良いことに一生懸命でも
消耗している。

心（マインド）と体はコロコロ変わります

家をリフォームするように、人の心（マインド）と体をつくり直すことは、できるのでしょうか？

死んで生まれ変われば、人はリニューアルした、新しい人になるのでしょうか？

その答えは、「修行することなく、ただ生まれ変わっても、あなたは全然変わらない」ということになります。あなたの魂にも遺伝子のような設計図が刻まれているからです。あなたの存在の源から発生する、物質の元「プラクリティ（根本原質）」になる素材があるのです。

では、その素材を良くしていくには、どうしたらいいのでしょう？

家の改造でしたら、建築会社の方などが相談にのってくれますが、人間を改造するにはどうするのでしょう？　誰に相談したらいいのでしょう？

改造がそうそうできないにもかかわらず、私たちは常に変化するものと、いつも一体です。

心（マインド）はいつもコロコロ変わり、体もどんどん変わっていって、誕生から死まで常に変化していきます。その変化の時に悪いものを取り込んでしまえば、いずれ地獄に落ちることになります。

誰もが自分が一瞬一瞬、何を考えているかもよくわからずに、ふらふらと夢遊病者のように生きています。

誰かを憎んでいるかもしれず、親を恨んでいるかもしれない。そして普段は忘れてしまっているのに、似たような人を見て、急に意地悪な気持ちがグワッと出てきたりする。それは同じ波動が引き寄せ合っているからです。

最近よく「引き寄せの法則」と言われたりしますが、それが「カルマの法則」です（第3章で詳しく説明します）。良い気持ち、良い心でいれば、良いものを引き寄せます。もし悪い気持ちや、否定的な心でいれば、悪い事件が起きてしまうのです。

常に良い気持ちでいられれば問題はないのでしょうが、人は自分の心をなかなかコントロールできません。「もう嫌だ！」と感情が爆発したら、もう止められないのです。自分で自分を変えていくのは、とても難しいことなのです。

私たちはコロコロ変わる心（マインド）と体を神様からいただいて、いつも変化させながら、歳をとっていきます。

このような人生を本当に輝かせるためには、どんな風に生きていったらいいのでしょう？

その答えは、心の奥にある魂、「本当の自分」、変化しない永遠の存在へとつながることにあります。ヒマラヤシッダー瞑想を実践します。そしてそこからのパワーを受けて、心身の曇りを取り、質を良くしていくのです。

あなたの魂にも
遺伝子のような
設計図が刻まれている。

内側に目を向けましょう

私たちの内側は、いったいどうなっているのでしょうか？

私たちの目は外に向けられ、外のきれいなもの、素敵なものを見ては、あれが欲しい、これが欲しいと心惹かれます。耳も左右に突き出して、外の音をよく聞きとっては、世間話や噂話に耳をそばだてます。

そして幸せになるためと、みんなで一生懸命に外側の世界のことに取り組むのです。

もちろん、それはそれで衣食住が素晴らしくなり、生活しやすくもなって良いことです。しかし、次から次へと新しいものは世に出てきます。みなさんが頑張って良いものをどんどん発明してくれるおかげで、欲しいものにも際限がなくなってしまうのです。

勉強にしても、「新しいこの方法を学ばなくては」「あの方法も必要だ」と次々現れる新しいものを追いかけ続けることになります。スピリチュアルなことでも、スピリチュアル漂流者になるという現象が生まれるほどなのです。お金と時間をかけ、あのテクニックこのテクニックと忙しく、真の成長をすることなく、あれよあれよという間に歳をとってしまうのです。

自分自身については最後まで何もわからないままなのです。

自分自身をコントロールできず、様々な感情と心（マインド）に翻弄され続けて生きていきます。人と比較して「これがない」と焦ったり、やきもちを焼いたり、怒ったり、不安に苛《さいな》まれたり……。いろいろな心が湧き上がり、それをどうすることもできないでいるのです。

そういう心（マインド）をずっともち続けながら、なんとかごまかして生きていきます。美味しいものを食べたり、お酒を飲んだり、きれいな服を買ったり、テレビを見たり、そういう外側の感覚の喜びでごまかして、どんどん時間が過ぎていくのです。

あなたの中に真理があります。それに気づいてください。

私たちは、外側だけでなく、瞑想を始めて、内側にも目を向けるべきなのです。

私たちの内側には静寂があります。それが神の領域です。最も力強いのに静寂で、まるで台風の目のようです。

台風の暴風域はものすごい嵐ですが、中心である台風の目に入ると、そこは無風で、晴れ渡っています。それと同じように、創造の源は平和で、静寂でありながら、生命エネルギーに満ちているのです。

その領域、創造の源につなげてくれるのが、ヒマラヤ聖者とそのエネルギーです。ヒマラヤ聖者は修行によって創造の源と一体になる体験をしました。ですから、創造の源とあなたをつなぐ橋になることができるのです。

ヒマラヤ聖者が「ディクシャ（瞑想秘法伝授）」というエネルギー伝授をし、橋となった聖者とつながることで、自分の内側への旅が始まるのです。

外側の喜びでごまかして、
どんどん時間が過ぎていく。

自分の内側へ旅しましょう

「本当の自分」に出会うことは、瞑想によって、自分の内側へと旅することです。

自分の内側にはいろいろな世界があるのですが、誰もが無知なので、そこは暗闇のままです。気づかないまま、重い荷物を背負って歩いているような状態です。もし10kgの荷物を背負ったら、体重50kgの人も60kgです。それはすぐに重いと感じます。しかし重いままで何年も暮らしていれば、その重さと一体となり慣れてしまって10kgの重みを感じることもないでしょう。もし1日でも荷物を下ろせることがあるなら「今までどうして重いものを背負っていたんだ」と思います。しかし、心（マインド）の悩みの重さは、はっきりとはわからないものです。重い心も慣れてしまえば「静かでいい」と感じるかもしれません。

結局みんな、その時に自分に一番心地よいことを選択しています。それは自己防衛のための行為です。そして自分自身のキャラクターをつくっているのです。

明るい人もいれば、暗い人もいるし、神経質な人もいる。ケチな人もいれば、気前の良い人もいます。それぞれがその時に、良いとか一番幸せだと思うものを選択して、原因と結果を積み重ねてきたのです。それが今のあなたです。いろいろな自己防衛をして、紆余曲折しながら生きながらえて、今のあなたという作品になりました。

なかには、自己防衛で病気のふりをするということがあります。弱いふりをしていれば、人から責められないし難しいことを言われなくてすみます。あんまり元気にしていると、人からいろいろ頼まれてしまいそうですが、「今日も頭痛」と言っていれば仕事はこないことを体験したのです。気前の良い、仕事ができる良い人だと、どんどん仕事がきてしまいますから。

また子どもの時に、駄々をこねるとお母さんが何かを買ってくれたなどという体験が、大人になっても影響しているかもしれません。「悪い人」のほうが楽、誰も近づいて来ないから、ということもあるかもしれません。それは潜在意識のことですが。もちろんその逆で「良い人」のほうが、みんなが親切にしてくれるので楽ということもあると思います。そうしたことを体験から学び、どちらが楽か自分で選択しているのです。

それぞれが自己防衛をして、自分にとって都合のよさそうな場にとどまっています。

しかし、瞑想をしていると、そういうことは枝葉のことであり、どうでもよいことだと気づき、「本当の自分」に近づいていくのです。心が自然に浄められて、いらないものが落ちていきます。今まではプライドとかエゴ（自我）とか、重くていらないものをたくさんくっつけて、バランスをとり、それが自分なのだと、ひたすら頑張っていたのです。

本当の真理につながり、「本当の自分」になっていく過程で、それらはやがてもうどうでもいいことになります。そのような気づきを深め、進化し、本来の自然な自分を取り戻していっていただきたいと思います。

自己防衛で
病気のふりをする
ということがある。

第2章

心（マインド）を手放し、魂を磨く

すべてが消耗なのです

私たちには、もっと素敵な人になりたい、素晴らしい人になりたい、という思いがあります。あるいは成功したい、お金持ちになりたい、また、人から良く思われたい、評価されたいとも願います。

だから、それを叶えるために習い事をしてスキルを上げたり資格を取ってみたり、何かタイトルを取ろうとしてみたりします。あるいは、肉体をいつまでも若く美しく保つように努力したり、教養を身につけたりもするかもしれません。しかし、そうした磨き方も凝りだすとキリがありません。

また、人から評価される医師、弁護士など、専門性の高い仕事を目指すなら、ものすごく勉強もしなければいけません。そして、やっと願いが叶って専門家になれたとしても、相手の当面の問題をとりあえず解決することはできるかもしれませんが、真の正しい道へと導くものとは違います。

それらは本当の意味での解決ではなく、対症療法だったり、それぞれの欲望の中和点を見つける解決法だったりします。その人の性格そのものを変えたり、「愛の人」にするといったことではなく、「この辺で不平不満を止めておこう」というような解決策を探り出しているに過ぎないのです。

結局、真理とは何なのかはわからないままでしょう。

それぞれのフィールドで活躍して成功を収める人もいます。しかし、景気に左右されたり、常に不安がつきまとっているのではないでしょうか。

何事においても、10年くらい一生懸命やると何かが見えてくるものです。

趣味などでも、あれこれやって結局は飽きてしまい、今度はこれをやりたい、あれがやりたいとなっていきます。同じ趣味をずっと続けていられたとしても、いろいろと磨きをかけていこうと思えば、それはキリがないものです。

それらは心（マインド）の喜びなのです。本質のことではないのです。多くの時間とお金をかけても、あなたを悟りには連れていきません。心は浄化されません。この世界に置いていかなければならない結果なのです。感覚の喜び、心の喜びは、知恵の喜びではないのです。この社会での事情です。すべて単なる消耗に過ぎないのです。

また、現代社会の中の人間関係は、みんながみんな私、私、私……。それぞれが果てしなく自己主張をし続けています。そこには意見の違いがあり、嫌な体験をしたり、許せないことがあったり、我慢しなければならないことも多いかもしれません。

どのようにして、そういう社会の中で、自分を平和にしていったらいいのでしょう?

どのようにして、人間関係をうまくやっていったらいいのでしょう?

とりあえず、人に馬鹿にされないよう、知識をたくさん身につけなければと勉強をします。いろいろな引き出しをもちたい、と一層自分に磨きをかけようとします。優秀であればあるほど、そのような方法で対処してしまうのです。

ですから、みんなが言うことを聞く権力者やお金持ちになりたいと思うのです。しかし、何らかの力をもつと、傲慢になって空気が読めない人になっていくこともあるでしょう。

また、人間関係のやり取りで悩んでいる人は、もし誰かに何か言われてしまったら、どんな風に返そうか、と考えてみたりもします。こう言われたらどうしようか、ああ言われたら……、いろいろな人と会って研究しても、人のキャラクターは千差万別で、もうわけがわかりません。この人にはこういう対応、あの人にはこの対応……、やがては疲れ果ててしまうでしょう。

競争社会で、常に勝とう勝とうとするあまり、みんな疲れ果ててしまうのです。

やはり、すべてが心の働きを増やし、単なる消耗に過ぎないのです。

常に勝とう勝とうと
するあまり、
疲れ果ててしまう。

心（マインド）は欲望に支配されます

人が生きるため、最初に与えられた基本の欲望があります。人が成長していくため、神から与えられた自然の力です。それは、体を保つための食欲、子孫をつくるための性欲、体を回復させるための基本となる睡眠欲の、三大欲望です。

そして人間は、動物とは違って神から心をいただきました。感覚から心（マインド）が発達して、体験のすべてを心に記憶するようになりました。そうして、その三大欲望を基本として、さらに欲望が発達していきました。

体験の記憶は執着となり、もっと味わいたい、見たい、聞きたい、触れたいと、感覚の欲望が発達してきました。体験が鮮明に記憶されると、さらなる体験を求めていきます。再び感動したいのです。それらは記憶されていきます。ですから脳のどこかを刺激すれば、関連する感覚がよみがえります。感覚は脳の中にあります。

つまり、何かが欲しいという欲望が達成されると、達成された欲望は落ちたり、外れたりしますが、欲望そのものは体の中に残り続けるということです。

その欲望が何かの刺激を受ければ、何度でも鎌首をもたげて、欲することを成し遂げようとしていくのです。そして、その思いに沿った何かを探し始めるのです。

もしそれが強い執着になると、欲望を成し遂げる行為が、果てしなくくり返されます。心（マインド）は、実は欲望を成し遂げても、すぐに飽きてしまい、また次への欲望が頭をもたげてきます。欲望は、成し遂げられることによって、なくなりもしないし、減りもしません。何かを手に入れた瞬間だけ満足をして、次の瞬間、心（マインド）はもっと違うもので満足をしたいと思うのです。

それが心の性質なのです。そのうちに心（マインド）が、欲望そのもののようになってしまうのです。

欲望は、
成し遂げられることによって、
なくなりもしないし、
減りもしない。

人は心（マインド）の奴隷になっています

昔は信仰が教えられ、人々は神につながって生きていました。

キリストや釈迦など、たくさんの聖者が生まれ、宗教を開き、人々が幸せになる教えを説いていきました。神がいることを信じること、また心（マインド）をどのように扱っていったらいいか、その苦しみを説き、指針を与えてくださったのです。

私たちは見えない尊い存在から生まれてきました。その尊い存在は宇宙を創り、地球を創り、大自然を創りました。木が、川が、山があって、私たちはそういう自然の恵みをいただいて生かされています。これらを信じるということは、ものすごく大切なことです。

ところが今、人々は信仰を忘れ、神につながることもなく、孤独の中に生きています。ヒマラヤ聖者が自分の内側にも神がいることを発見しました。人はそれを知らず、心（マインド）が自分と思い、心の奴隷になってしまっています。

人間は厳しい自然の中で生きていくためにと、たくさん農作物を作って蓄え、一年中食べるものに困らないようにしました。そして経済が発達し、物事はどんどん専門的になり、農業をする人、作物を売る人、家を作る人といったように、いろいろ分業するようにもなりました。

生活に便利な様々なものも生み出されて、今の世の中は回っています。

このように私たち人間は脳も発達し、たくさんの才能に恵まれてはいますが、そのおかげで美しい心になったかというと、実はそうでもありません。より楽しみもあるけれど、競争する社会が生まれ、願いが叶わず、疑ったり、人をうらやみ、批判し憎んだりと、苦しみも多くなりました。

そしてそれらをどうやって適切に取り除いたらいいのかもわからないのです。「時間が解決する」ということで、時が過ぎるのを待つとか、苦しみを忘れるために、より楽しいことをしようとするのです。

例えば、美味しいものを食べたり、旅行をしたり。そのための観光ツアーにグルメガイド、ありとあらゆるものが商品として提供されています。

その一方で、心理学や科学で心を取り扱おうと、人の心はいったいどうなっているのだろうと研究もしています。このように人間はありとあらゆることを試してきました。でも心を平和にできないのです。

今ではもういろいろありすぎて、何が何だか訳がわからなくなっている状態です。化粧品を例にするなら、すごくたくさんの種類があって、化粧品を紹介する本まで何冊もあって、どれを使ったらいいのかわからなくなってしまいます。やたらに何種類もの化粧品をつけたりすることにもなるのです。

現代は、ありとあらゆる商品が生まれ、どんどん細分化されていきます。より良いものが開発されているのかもしれませんが、使うほうは大変です。あれこれ情報に振り回されてしまうのです。

人に馬鹿にされないように、ありとあらゆる情報を詰め込んでみても、どうしようもありません。

そんなに情報だらけでは、もう直観が働かなくなってしまいます。本当は何がいいのかわからず、あなたの心は情報の海で溺れてしまいそうです。

そして、いつの間にか、あなたはそんな心（マインド）の奴隷になっているのです。

情報だらけでは
直観が働かなくなる。

真の安らぎを求めましょう

ある人が言っていました。順風満帆な人生で、仕事も順調、人々の称賛を浴びているのに、「何かが満たされない」「何のために生まれてきたのか」と嘆くのです。

お金も十分にあって、家族も健康なのに、「何かが足りない」と浮かない顔をして、未来に対する不安を感じているのです。

表面的にはいくら満たされていても、心（マインド）は安らいでいません。

物質的にはすべてが満たされていても心は満たされず、エゴ（自我）の欲望に振り回されているのです。

人は、心（マインド）が自分であると勘違いしています。そして、エゴの欲望が増殖していき、それを満たすために、いろいろなものを追い求め、取り込んでいきます。否定的な感情を湧き上がらせ、エゴのこだわりである執着も後押しし、自己防衛のために、心はさらに望むものを取り込んだり、望まないものを拒否したりし続けていくのです。

そのような、幸福のあり方は、すべて心（マインド）のレベルなのです。

それは、相対的な幸せです。比較からの幸せであり、変化する幸せであり、部分の幸せでもあります。やがてなくなる幸せなのです。

幸せは、あなた自身が最高の存在であることに気づくことなのです。そこと一体になることです。私たちはもともとすべてが満ちて、楽に生きていくことができる存在なのです。

その満ちた存在が「本当の自分」です。「本当の自分」に出会っていくことです。

神はそれを望み、そのように進化できるようなシステムを、「未完成な私たち」という形で与えてくれました。私たちに、成長できる人生を、運命を変えて成長できる力を与えてくれているのです。

人は本来、人格を高め、真の成長をするために生まれてきました。真理を目指すことで、魂の神聖さを目覚めさせましょう。

そのような生き方を知らないと、人生は苦しいことばかりです。仕事で苦しみ、人間関係で苦しみ……、常に何か満たされない思いを抱え続けて生きていくことになるのです。なぜなら心は常に欲求をして満足を知らないということが、くり返されるからです。「本当の自分」に出会い、神の分身である尊い存在であるということを悟らないかぎり、真の安らぎはありません。

あなたが望む安らぎと喜び、愛は、すでにそこにあるのです。

人は、心（マインド）が自分であると
勘違いしている。

心（マインド）を空っぽにしましょう

洋服でしたら、シワが寄り癖がついてしまったら、アイロンをかければすむことです。もし癖が強すぎるようなら、霧吹きをし、熱いアイロンを当てれば蒸気でシワはのびていくことでしょう。

ところが、人間の心（マインド）はそういうわけにはいきません。一度、心に癖がついてしまうと、なかなか取れるものではないのです。すぐに腹を立ててしまう、文句が言えなくてむくれる、など人それぞれです。そして、人のことならよくわかっても、自分のことはなかなかわからないものです。

良い癖もあるし、悪い癖もあります。

例えば、働きすぎるというのは、一応まわりからは喜ばれる癖と言えます。しかし、働きすぎて病気にまでなってしまうというのはどうでしょう。その人は自分がどれだけ疲れているか、ということがわかっていないのです。内側からはメッセージがきているのに、休まず、夜更かしをして、頑張りすぎてしまいます。

実は頑張りすぎるのにも、何かしらの原因があります。早く帰ればいいのに、なぜか残業をしてしまうのは、「恐れ」からくる働きすぎです。人から良く思われたいからなのです。さっさと自分の仕事をやってしまって、すぐに帰る人もいます。

今の人は、誰もが何かしらの人間関係で、過剰に気をつかっています。頑張りすぎているところがあるのです。

それは、たとえるなら料理の塩加減です。塩味は塩だけ入れてもどうも美味くない、ということがあって、そこにちょっと砂糖を入れてやると、塩味との対比で味がはっきりします。塩梅《あんばい》は難しいのです。

それと同じように、すべての心の働き、その加減を自分で調整するというのは、すごく難しいことなのです。だから、ついやりすぎてしまうのです。

勉強も仕事も、成功するためには集中することが大切です。アスリートなどの超一流の勝負師たちは、集中する能力がものすごく高いのです。

一方で、すごく飽きっぽい人もいて、子どもの時に受けた何らかの衝撃が「心の癖」として現れているのかもしれません。

親に勉強を「やれ、やれ」と言われすぎると、「もう、やらない」と反発することがあります。自分で「やらない」と決めてしまうと、それがメッセージになり、「勉強しなさい」と言われただけで集中できなくなってしまう、ということもあるでしょう。

人に気をつかって良いことをしても、逆にやりたい放題やっても、どちらもずっと続けていれば、くたびれてしまうものです。やりたいことをやっているはずなのに、長く続けていると何かが違うと感じたり、安らぎたいと願ったりします。

こういった心の動きや働き全部が「心の癖」であり、自己防衛です。心は複雑であり、いろいろなカラクリをもっています。

この心（マインド）を、いったいどうしたらいいのでしょうか？

ヒマラヤ聖者の知恵は、心（マインド）を浄化して、さらには心を超えることを教えています。ヒマラヤシッダー瞑想をして、心を空っぽにしてしまうといいのです。そうすることで、心の奥にある、すべてを生かしている「神の力」を引き出すことができるのです。

子どもの時に受けた衝撃が
「心の癖」として
現れているのかもしれない。

摑んでいるものを手放しましょう

もし、あなたが苦しんでいるとしたら、それは大きな学びの時です。

物質的に満たされていても、それは完全ではありませんし、そうしたものはいつかは変化して、あなたのそばから離れていくのです。

また、いろいろなものをもつ豊かさに依存していると、いざその依存の対象がなくなった時、何か摑めるものがないかと戸惑い苦しむことになるかもしれません。

心（マインド）が落ち着かない時こそ、自分の内側を見つめるようにしましょう。今、何をやるべきかと知恵を働かせましょう。

これまでは、なんら自覚症状も疑問ももたずに生きてきたのかもしれません。

しかし今、あなたの深いところが、何のために生まれてきたのか？　ただ食べて、仕事をして、寝るだけの生き方でよいのか？「何かが違う」と訴えて、本当の生き方、安らぎを求めているのです。

そして、直観が働いて、この本を手にしました。あなたは真理へのガイドに出会ったのです。

昨今、いらないものを捨てる、ということが注目されています。断捨離です。本当のものを摑むためには、そのプロセスでいらないものを手放さなければならない、ということです。

手で何かを摑んでいるあいだは、ほかのものを摑むことはできません。今摑んでいるものを手放せば、次のものを摑むことができるのです。

息を吐けば、後で自然に空気が入ってくる呼吸と同じです。出さなければ、入らないのが、宇宙の法則なのです。

そこに気づいたら、次はどうしたらいいのでしょう？

手放すこと、常にもちすぎないことです。もちすぎてしまうと、人はなかなか捨てることができなくなるのです。

ヒマラヤシッダー瞑想をして「本当の自分」につながっていくと、内側が満ちてきて、執着や依存は自然に落ちていきます。内側が満ちれば、その静寂の喜びがわかってくるようになるのです。

創造の源につながっていると、信頼すること、素直になること、エゴ（自我）を落とすことで、本質に出会えるようになるのです。そして、本当の安らぎを実感できるようになります。

真理につながり、真の悟りを得て、永遠の豊かさを手に入れて、本当の豊かな人になることができるのです。

出さなければ、入らないのが、
宇宙の法則。

心（マインド）と体の浄化が必要です

瞑想する時、座って上半身は真っ直ぐにします。

正しい姿勢で、背骨を真っ直ぐにすると、内臓や神経も圧迫されずに、ゆったりリラックスできると思います。そうした姿勢が、血液、体液の流れにも良いのです。

ただし、体を動かしたり、姿勢を真っ直ぐにしても、心（マインド）は良くならないのです。心は、気づいていかなければほどけないのです。心を正しくする。心が純粋なら、たとえ体が悪くても、それに影響されないで、正しく見たり聞いたりすることができます。もちろん、体の状態が心に影響して、また心の状態は体に影響します。とくに心は体を支配しています。だから、心と体、両方を正しくしていかなければなりません。

私も昔は、ヨガを一生懸命やっていました。ヨガからスタートして、さらに体の健康、心の健康と、総合的な癒やしの学びをしてきました。アメリカでの心理療法、宗教、物理療法、ムーブメント、ダンスなどです。それに飽き足らず、真理を求めて究極のサマディ、悟りを得るために、ヒマラヤに行き、命がけの修行に向かったのです。そして、高次元の存在と一体となったのです。

その高次元の存在からのエネルギー、根源のパワーはもともと誰の中にもあるのです。ところが、みなさん、それが目覚めていません。

みんな、心（マインド）の場所が心配の回路につながり、そこにスイッチを入れてしまって、大変な思いをしています。その心配を忘れようとして、心の楽しみのほうに寄っていき、ウロウロ、ウロウロしています。そうして時間が過ぎていくのです。それは一生をかけた「徘徊」なのです。

今をいろいろ楽しみ、快楽を追求するだけではなく、執着を外し意識を高めていただきたいのです。無限の存在につながり、そこからの守りとパワーをいただき、それと一体になっていきます。そのためには、心と体のデトックス、浄化もしていただきたいのです。そうすることで、より豊かな生き方をすることができます。

生きる中で体には毒素がどんどん染み込んでいき、心にはガラクタがたまります。そのあげく、にっちもさっちもいかなくなってから修行するのは、とても大変です。

脅しているわけではありません。みなさん、「自分はきれいだ」と思っているかもしれませんが、日々普通に生活しているだけで、毒素は少しずつたまっていきます。

神様がすごい力を与えてくださっているので、具合が悪くてもあまり感じないかもしれません。本当に「瀕死の状態」まで生かしてくださいますから。

私たちは本来、真理を知っていくために生まれてきたのです。自分の奥にある自分を生かしめている存在、魂を浄めるために生まれてきたのです。

瞑想を始め、高次元のエネルギー、根源のパワーを目覚めさせ、心と体を浄化していきましょう。無限の存在である「高次元の存在とつながる」ところから始めると、高次元のエネルギーを得て、デトックスも早く進んでいくでしょう。

体には毒素が、
心にはガラクタがたまる。

自分のマスターになりましょう

私たちには「記憶」する能力があるので、いろいろなことを勉強することができます。本を読んだり、講義を聞いたりと、学校でも社会でも、たくさんのことを一生懸命に勉強してきました。

でも、これまであなたが勉強してきたことは、ほとんどが誰かの体験、誰かの知識なのです。それに気づいたことはありますか?

私たちは日々、自分のものではなく、人の体験や知識に翻弄されて生活しているのです。自分で気づいたことではないのです。

だからこそ、瞑想ではそれを浄め、真理は何なのかに、自分で気づいていくわけです。

よく私は、みなさんにこう言っています。

「自分が、自分のマスターになりましょう」

世間の価値観ではなく、自分の内側からの声に耳を傾けましょう。人と比較したり、競争したりする必要はなく、あなたがすでにもっているものを生かせばいいのです。

そして、自ら良い心（マインド）を選択するのです。疑いや悲しみではなくて愛、正しい思いや、正しい理解を選択しましょう。

人の話を正しく聞くようにしましょう。自分をいじめたり、人をいじめるような生き方ではなく、本当の意味で正しい生活をしていくのです。自分をいじめるというのは、何も自分自身にむち打つようなことを指すわけではなく、自分を責めたり、暴飲暴食をするなど、欲や無知からくる自身を大切にしない行為です。

こういった飽くなき欲望や無知で、あれもこれもとどんどんため込んでしまうので、いつのまにか私たちの心の内側はゴミでいっぱいなのです。一応、心で何かしようとしているのですが、欲のほうがどうしても大きく、翻弄されています。

自分の心が源の存在につながっていないと、心のエゴ（自我）のごたごたにつながって、肝心な時に知恵も、愛も出てこなくなります。それどころか、疑いや焦り、「自分はダメだ」という思いが出てきたりします。

気づきをもって良い心（マインド）を選択しましょう。ヒマラヤシッダー瞑想を行い、自分のマスターになっていきましょう。

あなたがすでにもっているものを
生かせばいい。

純粋なエネルギーを育んでいきましょう

　人は誰しも1回目はすごく感動しますが、2回目、3回目……と体験を重ねるうちに、感動が薄れていきます。そのため「もっと、もっと」と、より大きな刺激を求めます。そうして、体験の「記憶」は大きく、より大きく、となっていき、積み重なっていくのです。

　本当は、1回ごとに新鮮な気持ちで、前の印象を引きずらないで、空っぽの心で見るとよいのです。すべてを「一期一会」という気持ちで受け止めます。そうすれば、ほんの小さなことでも、ものすごく喜べる人になるでしょう。感覚や心に先入観がなく無心になって、正しく物事を見られるようになり、直観も冴えて何をどうしたらいいか、人に聞かなくてもわかるようになります。

心（マインド）がこれまで積み重ねた思い込みでいっぱいだと、いくら説明を聞いても理解できません。古い考えで凝り固まり、新しい考えを受け入れられないのです。直観も働かなくなってしまいます。

人は歳をとると知らず知らずのうちに、融通のきかない人間になっていきます。長く生きれば利口になるのかというと、そういうわけでもないのです。

子どもの頃、「早く大人になりたい」と思ったことがありました。「大人になると、何でもわかる」「何でもわかって、幸せになれるんじゃないか」と、思ったのです。

しかしある時、「大人になっても何でもわかるわけではないし、かえって、わかろうとしない人になるのかも……」と子どもなりに考えました。まったくその通りなのです。

私たちは、どうしたらしっかり成長できるのでしょう？

ただ勉強すればいい、というわけではありません。

本屋さんに行けば、たくさんの本があふれていますが、全部読むのには時間が足りません。少ない時間を有効に活用するには、どうしたらいいのでしょう？

それには、感度を良くすることです。とくに、愛の感度を良くしていきましょう。

少しでも疑いの心があると、人の話もちゃんと聞けません。しかし感覚を磨きすぎて、過度に敏感になり、かえって生きづらくなることもあります。

あなたの中にある源の永遠の存在につながって、純粋なエネルギーを目覚めさせ育んでいけば、思い込みの心ではなく純粋な心で成長でき、輝く人になるのです。

純粋なエネルギーであるヒマラヤシッダー瞑想の恩恵につながって、パワーをいただくといいでしょう。その波動はあなたの深いところ、「本当の自分」、本質とつながって、共振し、増幅します。

そこにつながることができれば、失敗、不安、悲しみ、怒りといった心（マインド）につながらないようになります。心が働きません。すべてが満ちてきます。恐れがありません。無心です。

もう、自己を守る何らかの思いや、感情や、欲望に振り回されなくなるのです。

長く生きれば
利口になるというわけでもない。

変化を受け入れましょう

いろいろな変化を受け入れるということも必要です。

変化がなければ、進化もできないのです。実は変化することも良いことなのですが、人は往々にして変化することを恐れます。

例えば、いったんお金持ちになると、今度は貧乏になることを恐れます。

みんな、失うことが嫌なのです。「もっている自分」に執着し、「もっていない自分」になることを恐れてしまうのです。

内側の豊かさを求めましょう。源にはすべてを生み出す力があります。

愛、知恵や生命力です。

あなたはとらわれを捨て、純粋になっていくことで、源に還ることができるのです。それが「本当の自分」です。

しかし執着していると、どんなものも手放したくなくなります。そうした状況ではエネルギーが停滞して、そこにあるものが循環せず、やがて古びていきます。

ですから、執着は捨ててしまいましょう。

『聖書』にも「心の貧しき者は幸いなり」と書かれています。心（マインド）に、いろいろな執着をもたず、こだわった知識をもたず、また物質的なものをもたないのは、とらわれがなく純粋な人なのです。それは束縛されない自由な状態であり、「幸い」なのです。

歳をとることを受け入れないのも間違いです。

年齢を重ねれば、20代の頃の美貌と違ってくるのは当然です。

恐れないことです。歳相応の美しさ、良い歳のとり方をしていけばいいのですから。ただし、何もしないでいると、どんどん頑固になっていき、醜い人になってしまうかもしれません。死ぬ時には何も持っていかれません。捧げて布施と奉仕をします。しっかりとヒマラヤシッダー瞑想をしましょう。

心の奥の魂、「本当の自分」、本質とつながって、良いパワーをいただくのです。すべての源にある純粋なところにつながって、心と体を浄めながら生きていきましょう。

変化がなければ
進化もできない。

第3章

「カルマ」から解放される

人は「カルマ」に縛られています

人は成長するにつれて個性が出てきて、性格もはっきりしてきます。人それぞれキャラクターが違い、性格も違います。それは「カルマ」というものがあるためです。

この「カルマ」とは何でしょうか？

「カルマ」というのは、思うこと、話すこと、行動することなど、すべての行為とその結果です。日本語では「業」と訳されることもあります。

すべての「カルマ」は記憶として、私たちの心（マインド）と宇宙空間に波動となって記録されていきます。

みんな、無意識にこの「カルマ」の記憶をもとに、ものごとにリアクションしていて、それはまた新たな「カルマ」となって積み重なるのです。時折、似たようなことが続けざまに起こるのは、このようにその人の「カルマ」が次の行為の原因になっているからです。

良い体験をすると、また体験したいという思いも執着となって記憶されます。欲しいものを手に入れた時も、もっと良いものが欲しいという執着が生まれ、記憶されることになります。

一方、成し遂げられなかった無念の思いも執着として記憶されます。ですから、否定的な体験をたくさんすれば、否定的なものがたくさん刻まれていくことになり、それがまた次の否定的な行為を呼び起こすことにもなるのです。

また、私たちは同じものを見ても、その人の「カルマ」によってまったく考えることが違います。テレビの街頭インタビューでも、同じ質問に対して、人はそれぞれ異なる意見を答えるでしょう。
何かを見て心配する人もいれば、悲しむ人もいて、なかには怒る人もいます。肯定的にリアクションする人もいれば、否定的になり落ち込む人もいるでしょう。

こうしたからくりがあるために、人々の、「カルマ」の影響を受けた運命は、どんどんと広がっていきます。「カルマ」の大きな影響のもとで、人々の人生は展開していくようになっているのです。

誰もが、その人のキャラクターで精一杯、より良く生きようとしています。いろいろなものを選択し、取り組んで、現在までの人生を歩んできたことでしょう。

しかし、ほとんどの人が「カルマ」の影響を受けたこと、その時の自分が一番楽なことを選択するのです。それは大きな目で見れば、それが本当に良い選択かどうかはわからず、人格的に成長する行為になるとは限らないということなのです。

だからこそ、「カルマ」を良いものにしていかなければならないのです。そうすることで、運命を変えることができるのです。

その「カルマ」をより良いものにするのが、ヒマラヤ秘教の修行なのです。

もう、「カルマ」に翻弄される旅をやめましょう。

あなたの生涯が、「カルマ」に翻弄されるだけの旅となって、エネルギーを消耗するのみで終わってしまう前に。

似たようなことが
続けざまに起こるのは、
「カルマ」が次の行為の
原因になっているから。

悪い「カルマ」を積んでいかない

人類のはじまりの頃、人々は何もわからず不安でした。

だからヒマラヤの聖者は、より豊かになり、成功するために必要なことは、心（マインド）も体も大きく成長することだと考えて、ずっとその方法を探求していきました。

心と体というものは何であるのか？　心と体はどのように生かされているのか？　心と体をコントロールするには、どのように使えばいいのか？

何千年も前にその方法を見つけ、5千年もの歳月をかけて磨き上げていったのです。

人は「カルマ」によって、自分をつくり上げています。ですから、「カルマ」を良くすることが重要なのです。

より良い「カルマ」を構築するためには、まず古い「カルマ」を浄化します。そして、より愛と知恵と生命力にあふれた生き方をします。そこから良い行為、良い思いと良い言葉を使うということを、実践します。それが新たな良い「カルマ」をつくっていくことになります。

ところが、残念ながら、人は自分自身をうまくコントロールできないのです。何かにつけてああだこうだと文句を言い、自分を責め、人を責める。自分を傷つけて、人を傷つけ、欲望が思うようにならず、ますますイライラしていく。こうした負のスパイラルに陥って、悪い「カルマ」を積んでいき、自分の運命を汚すのです。

こうした生き方を「無知」と言います。

「無知」とは知識が無いという意味ではなく、「本当の自分」を知らないということです。心の奥の魂である「本当の自分」、生命の源泉を見ることができなくて、悪いエネルギーをまわりに出しているのです。

ヒマラヤシッダー瞑想をしたり、ヒマラヤ聖者のガイドを受けた修行をすると、自分をうまくコントロールできるようになっていきます。そして、私たちの源に何があるのか、心とは何か、体とは何なのかが、次第にわかってくるようになるのです。

どうか気づいてください。

私たちの中の深いところ、心の奥にある魂、「本当の自分」にはすごい知恵が眠っています。

36億年もの生命の歴史が育んだ素晴らしい大自然の知恵です。どんな状況であっても生かされていく、そういう大いなる力が働いているのです。

あらゆるものの創造の源であり、永遠に変化しない存在が、私たちの一番奥の源にあります。このことを実際に、体験的に知るのが悟りへの道、サマディへの道なのです。

「無知」とは、
「本当の自分」を知らないこと。

「カルマの法則」を学びましょう

あなたがもっと進化していくには、エネルギーの法則を知るといいでしょう。

何事にも原因があって、そして結果に至ります。つまり良い原因があるなら、必ず良い結果になるということです。これを「因縁の法則」とか、「カルマの法則」と言います。

例えば人の悪口を言った時、その時は言いたいことを言ってすっきりし、何か得したような気にもなるかもしれません。物事に勝ったようにも思えるかもしれません。

しかし、やがて必ず返ってくるのです。すぐに返ってこなくても、巡り巡って10年後とかに、恨みも大きくなり仕返しされることがあるのです。

逆に良いことをすれば、これも必ず未来に返ってきます。ですから、その時すぐに結果を出せないとしても、見返りを期待しないで、良いことをしましょう。いつか必ず返ってくるのです。

自分のこういった「カルマ」を、無条件に信じるためには、いつも感謝をするとよいと思います。あらゆることが自分に与えられた学びの機会なのだと思えば、心から感謝できます。

まず自分の体に感謝し、心（マインド）に感謝し、魂に感謝しましょう。そして、あらゆる出会いに感謝し、出来事に感謝します。良い心の使い方をして、より良い「カルマ」を構築していきましょう。

私は「病気になったら感謝してください」「嫌なことがあったら感謝してください」とよく言っています。

病気になった時は、健康のありがたみがよくわかります。当たり前に贅沢をして、

「これは美味しくない」などと文句ばっかり言っていたのに、「お粥だけでも美味しい」などという気づきを得たりします。

病気になることですごく自分を見つめ直し、いったいどうして病気になったのか、といった学びもあるわけです。どんなことも無駄ではありません。

結局、すべてのことは学びとなるのです。

きっかけが何もなければ、人は成長できません。嫌な出来事も、自分を反省する大切なきっかけなのです。さもないと、驕《おご》りの強い人になってしまうことでしょう。

例えば、身近に不平不満をあなたにぶつける人がいたとします。もしかしたら、その人を「過去生」でいじめるようなことがあったのかもしれませんから、「この人の不平不満が安らぎますように」と祈るとよいのです。

このようなきっかけが、新たな学びになります。瞑想すれば、そういうことにも気づくことができるのです。

残念ながら世の中は、いつもぶつくさと文句ばかり言っている人が多いものです。

足が短い、鼻が低い、もうちょっと美人に、もうちょっと良い頭に、もっとお金持ちの家に生まれたかった。もうちょっと親に教養があれば……反対に、親に教養があって立派すぎても、厳格すぎたりして、いろいろと不平不満が出てくるようで、ちょうど良いさじ加減というのは、非常に難しいのです。

みんな、悪いところだけを実によく見つけてくるのです。

瞑想は、そういう「心の癖」にも気づかせてくれます。

気づいて、やがて、あらゆる出来事に心から感謝できるようになれば、あなたの世界は確実に変わっていくでしょう。

病気になったら感謝する。
どんなことも無駄ではない。

「与える人」になりましょう

心（マインド）の幸せというのは、何かを得たい、何かが欲しいという欲望を満たすことです。欲しいものを得た時はすごく幸せですが、またすぐに次のものが欲しくなります。それをずっとくり返し、欲望が満たされない時にはイライラし、怒ったりすることになります。

人類は心の幸せを求め、文化を発達させて、素晴らしい世の中を築いてきました。しかし、人類はこのまま、心（マインド）の幸せを求めているだけでいいのでしょうか？

みんな、不足ばかりを感じて満ちておらず、幸せではありません。どこか不安定で、何か物足りないのです。

だから余計に、美味しいものを食べに行き、何か物を欲しがり、誰かに慰めを求めたりします。いつも何か「欲しい、欲しい」とくり返し、「どうか親切にしてほしい」「どうか優しくしてほしい」と訴えています。心（マインド）はいつもハングリーです。

だからこそ、私は、人に与えていく生き方を提案します。「心はずっと欲張りだからしょうがない」と、心（マインド）はそっくり横に置いておいて、それとは別に、愛を、魂の歓びをみんなにシェアしていく行動を心がけるのです。

良い行為をするようにしていきます。そういう生き方をすることで、「カルマ」も浄化されていきます。

ただ相手に笑顔を向けるだけでもいいのです。「ご苦労さま」「頑張ってください」と励ましの言葉をかけるだけでもいいのです。相手に何らかの助けになることを与えましょう。そして、みんなと喜び合い、平和な気持ち、愛の気持ちをシェアし合っていきます。そういう「新しい癖」を身につけていただきたいのです。

そうすることで、「カルマ」の積み方も正反対になり、運命も正反対の方向に大きく変わっていくのですから。しかしこれはそう単純にはいきません。癖を取るには、気づきをもって、とらわれない行為をするのです。それは、「カルマ」を積まない行為なのです。瞑想をして、心が鎮まり、さらに心を超えて永遠の存在と一体になっていきます。それは「永遠の今」にいるということです。変化しない、時間がないところにいるのです。それが究極のサマディ（悟り）です。ただ満ちているのです。

それを目指すのが瞑想です。まず、心（マインド）を鎮め、「今ここ」にいて、何もしない、何も受け取らない、無心でいるのです。平和で、知恵に満ちています。そういう状態を「マインドフルネス」と表現しているのです。

心の働きはないのですが、内側が満ちているのです。その状態は「サット・チット・アーナンダ」と言います。

そうやって自分が満ちてくれれば、自分から愛を、知恵を、幸福を、喜びを与えられる人になっていけます。そのような「与える人」になって、「カルマ」を浄化していきましょう。

ただ相手に笑顔を
向けるだけでもいい。

「カルマ」を浄める修行

心（マインド）というものは、いつもギブアンドテイクを求めます。自分はこれだけやったんだから、認めてほしい、わかってほしい、褒められたい……。

心（マインド）はいつも見返りを求め、落ち着くことができません。

ですから、心（マインド）につながるのではなく、私たちの源である無限の存在を信じて、祈り、そこへつながっていきましょう。ギブアンドテイクの横の関係ではなく、縦の関係で無限の存在につながっていくのです。

ヒマラヤシッダー瞑想は、私たちがやってきた源へとつなげてくれます。修行を始めたみなさんに、私が差し上げている聖なる音の秘法（マントラ）は、誰もが安全に守られ、内側への旅を進めていけるものです。そのほか、クリヤの秘法があります。それらを用いてヒマラヤの聖者は、悟るための研究を5千年以上前に完成したのです。その叡智が今なお脈々と続いているのです。

実は、私たちの潜在意識の中には、もろもろの「過去生」の記憶がたくさん存在しています。

瞑想をしている時、否定的な気持ちになって、うっかりスイッチが入ってしまうと、パンドラの箱を開けたようになって、「過去生」の記憶があふれ出し、あなたの人生が混乱してしまうこともあります。スピリチュアルな道は諸刃の剣であり、進み方を間違えると危険でもあるのです。

潜在意識はものすごくパワフルです。ですから、けっして軽い気持ちで自分に暗示をかけたり、催眠をかけたりしてはいけないのです。「カルマ」に乗っ取られてしまうかもしれませんから。

精神統一するということは、引き寄せるエネルギーを生みます。しかし、内側が汚いまま精神統一をすれば、良くないものを引き寄せる可能性もあるのです。そして、悪いエネルギーに翻弄され、苦しんでいる方もいるのです。

ある時、「ヨグマタはみんなを助けていますが、大丈夫ですか？」とある方に質問されました。

「世の中で教祖と言われる方はみんなに拝まれ、みんなの「カルマ」が体の中に入ってきてしまい、体の具合が悪くなり、早く亡くなったりしています」とおっしゃっていました。

ヒマラヤ聖者はそういう危険を乗り越え、内側のシステムをすべて知り尽くしています。修行をして、純粋なエネルギーになった存在であり、神聖な波動をもっているのです。ですから、幽霊とか、不浄霊とか、悪いものも寄ってこないのです。

見えない世界を説く教えはあるのですが、内側のカルマを浄めていくような修行はないように思われます。ですから、私がその修行をシェアしたいのです。

内側が汚いまま
精神統一をすれば、
良くないものを
引き寄せる。

心（マインド）は磁石なのです

今、「引き寄せ」という言葉がよく使われるようになりましたが、心（マインド）は磁石のようなものです。

心に積み重ねた「カルマ」には、濁っているとか活動的であるとか「質」があります。その性質に基づいて、感覚がアンテナのように働いて、同質のものを磁石のように引き寄せています。

そのため、よく言われる「ポジティブシンキング」でポジティブに考え、そして引き寄せたことが、必ずしも良いこととは限らないのです。引き寄せすぎてアップアップになってしまうこともありますし、自分の「カルマ」が汚ければ、悪いものを引き寄せてきたりもします。単純に欲望だけでいろいろ引き寄せたりするのは危ないのです。

だから、本当に純粋な心で願うようにしなければいけません。


これから自分はどういう風に成長していったらいいのか？

いくらポジティブに考えても、あなたにとってのポジティブが「偏っている」という場合もあります。真理の目からの考えではなく、利己的な願いからくるものです。誰しも自分が傷つきたくはなく、自己防衛してしまうので、そういう意識がどうしても選択基準に入ってしまっています。

人に幸せになってもらいたい、そして共に自分も幸せになる、という選択を基本にすればよいと思います。利己的ではなく、人に喜んでもらうためとか、真理にふさわしくないから、といった判断での選択をしていくように心がけます。

人生は学びなのです。

日々、選択し、気づき、学び、進化していきましょう。

なにより、自分で気づくことが醍醐味で、本を読んだり、人から与えられた情報で理解するのではなく、自分で感じてみて、愛をもって判断していきましょう。

そうした日々の生活を、ヒマラヤシッダー瞑想は助けてくれます。私たちの内側にあるいろいろな事柄を見せてくれるのです。


なぜ、生まれてきたのか？

何をして生きていったらいいのか？

瞑想をするプロセスで気づきが深まって、欲望を落とし、自分のことがよくわかってくるのです。今起きていることにどういう意味があるのか、ということが俯瞰《ふかん》的によくわかるようになります。

日々、ヒマラヤシッダー瞑想をすることで、様々な執着が落ちて、運命を乗り越える力が備わっていき、あなたの人生はより豊かになっていきます。そしてやがては悟りに近づいていくのです。

「ポジティブシンキング」も、
良いこととは限らない。

良いものを引き寄せる力

ヒマラヤの恩恵は、私たちの内側の、小宇宙の仕組みを整えてくれます。

私たちの生命の源である魂は、「太陽」の働きをもっていて、私たちを生かしめて成長させているのです。一方で、私たちの内側には、生命エネルギーの働きを鎮める「月」の働きもあります。

昼と夜は陽と陰の関係で、昼間は人も世界も活性化しますが、夜になると静かになって、人も世界も癒やされます。私たちの小宇宙もそうなのです。

ヨガは「バランス」という意味で、その中でもヒマラヤの恩恵は、「真のヨガ」と言われます。体のバランス、心（マインド）のバランス、そして魂のバランス、このような見えない内側の世界でのバランスを理想的な形に整えてくれるからです。そしてその源に達していくのが、究極のサマディ（悟り）です。

体と心と魂の、良いバランスを保つためには、まず自分の中に良いクオリティをもつようにします。

内側の良いクオリティは永遠の存在とつながって、良いものを引き寄せる力となるのです。

それは、芝居をして良い人を演じるのではなく、心の使い方を習って、表面的に良い人になることでもありません。

本質的に内側を慈愛であふれさせて、ごく自然にまわりにも親切な人になっていくのです。

いつもまわりに本当に親切にしていれば、何かあった時に今度はまわりの人々が手を差し伸べてくれます。そのような良い循環が生まれるエネルギーの法則も、やはり「カルマの法則」からきています。

だから、みなさんも演じるのではなく、自らの本質を良くしていく、そういう修行をしていただきたいと思います。


原因があって、結果が生まれます。

良いものをもっていれば、必ず良い結果が生まれるのです。

あなたの中には間違いなく、聖なる存在があって、それは穢《けが》れのない純粋な存在です。

あなた自身も源の純粋な存在になっていく修行が究極のサマディです。まず、その純粋な永遠の存在とつながって、さらに良いものを引き寄せていくようになるのです。

本当に親切にしていれば、
まわりの人々が
手を差し伸べてくれる。

無心で行為をしてください

未来に必ず起きる「カルマ」を、インドでは「プララブダ」と言います。それから、過去生からの「カルマ」を「サンスカーラ」と言います。それは私たちの内側にあり、次に生まれる時に使われる「カルマ」です。

私たちの心（マインド）を注意深く見ていくと、何か行為をする前には必ず思いがあることがわかります。

その行為がもし悪い行為だったら、その前に立ち返り、その思いを正すことで悪い行為を止めることができます。行為の前の思考を変えることで、人生を思うように設計できるのです。

さもないと、運命はすでに決まっていた「過去生」からの、もろもろの記憶に沿った方向へ進んでいくことになるでしょう。好き嫌いや、欲望も湧き上がり、常に気持ち良いほうを選択していくのです。うまくいかなければ逃げるかもしれませんし、ひたすら好きなことしかやらないかもしれません。

嫌いだと思ってしまうものにも、ちゃんと学びはあるのに、ついつい「嫌だ」が勝ってしまい、そちらの方向へは進みません。それは思い込みの感覚、エゴ（自我）の感覚なのです。

自己防衛で行うものではありますが、必ずしもそちらが正しい道とは限りません。悪い「カルマ」に導かれてしまっている場合があるからです。

そんな「カルマ」によって「私にはできない」と否定的な選択をしているだけで、思い切って挑戦すれば、意外にできてしまうものかもしれません。その成功体験が自信となって、次はもっと大きな課題でも勇気をもって挑戦することができるかもしれないのです。

ところが、心（マインド）と一体になってしまっていると、判断する視野がとても狭くなります。自分の過去の思いに引きずられてしまい、それをもとにいろいろと考えてしまうのです。つまり、自分の価値観に翻弄されているのです。

私はよく「無心で行為をしてください」と教えています。

心（マインド）を全部ゼロにしてしまい、「無心」になりましょう。

できない、怖い、変に思われるんじゃないか……、そんな風に人の評価を気にしたり、結果を気にしたり、いろいろな思いに引っ張られていると、１００％の力を発揮できなくなります。

いつも「無心」で、新鮮な気持ちで物事に向き合えばいいのです。

「私は大丈夫。神の子であり、いつも守られている」という自信をもって、人生をどんどん進んでいけばいいのです。

嫌いだと思うものにも
学びはある。

ヒマラヤ秘教「ヤマ・ニヤマ」の教え

ヒマラヤ秘教に、「ヤマ・ニヤマ」という瞑想をする前の教えがあります。

「ヤマ」とは、暴力をふるわない、悪口を言わない、怒らない、傷つけないなど、してはいけない行為への戒めを示しています。そういう正しい心がけから「平和の人」になります。

人や自分に暴力をふるうと、やがてすべては自分に返ってくるのです。

自分の思い、言葉、行動はすべて自分の内側に刻まれて、人生の設計図となっていく、それが「カルマ」であり、次の行動を決めるのです。瞑想は心身の内側を浄める実践であり、「ヤマ・ニヤマ」は生き方を通しての行為や思い、言葉を、気づきをもって正していく教えです。

あなたの「あそこに行きたい」という強い思いがあれば、いつか必ずそこへ行けることでしょう。それは「殴りたい」とずっと思っていれば、そのうち本当に殴ってしまうかもしれない、ということでもあります。

そうではなく、その人の幸せを祈りましょう。深呼吸をして、相手の立場を理解してみるのです。「気に入らないことを言われたけれど、虫の居所が悪かっただけかもしれない」「自分が先に何か傷つけることを言ったかもしれない」などと想像してみる。相手を許し、自分を許す。そういう心の訓練が必要なのです。

このような、進んでやったほうがいい行為は「ニヤマ」と言います。

私たちがただ無意識に生き、やりたい放題をし、人を傷つけたりしていると、自分の「カルマ」を汚していってしまうからこそ、「ヤマ・ニヤマ」の教えはあるのです。

自己防衛は私たちの「心の癖」であり、人を下げることで、自分を上げています。

「あの人はこういう人だから」と下げて、自分を尊重すると、心がホッとして平和になった気がするのです。

そのようなやり方ではなく、意識して相手の立場を考え、許し、愛を送り、感謝するのです。たとえ嫌なことがあっても、「これは学びをいただいているんだな」「自分の中に愛がないんだな。もっと大きな愛を育もう」と感謝します。

そして、小さな損得で考えないことです。

たとえ「損してしまった！」という事態になっても、物はいずれ消えていくものです。損をして何かを学んだのなら、それは得をしたのです。物やお金は死ぬ時は持っていけませんし、損をしても、あなたの魂が傷ついたわけでもありません。単にあなたのエゴ（自我）が傷ついただけです。

「お前はバカだ」と言われれば、あなたのエゴはムッとするでしょう。しかし、どんな人でも利口な部分も、バカな部分もあるのですから、自分のプライドなどなくしてしまいましょう。

「自分の驕りに対し腹立たしいものを感じ、言ってくれたんだな」「謙虚さが足りなかった」「ダイレクトに言いづらいことを言ってくださった」と感謝するのです。

何を言われても「ありがとうございます」。

「ありがとうございます」と思えれば、またひとつ成長できます。

気づきをもって、意識して行動し、常に「勝たなければならない」と思い込んでいる自分の心（マインド）に引きずられないようにします。「負けるが勝ち」という言葉もあるのですから、むしろ相手の幸せを願いましょう。

「ヤマ・ニヤマ」の教えは、そのような知恵のある人になる修行をしていきます。

無心になって、「感謝の人」になって、「平和の人」になれば、深いところにある愛が表面に出てくるのです。何があっても一喜一憂しなくなれば、人生がすごく楽になり、それが悟りへの道なのです。

「ヤマ・ニヤマ」の教えは、次の10の教えからなっています。

◎「ヤマ」の教え

・暴力をふるわない
・嘘をつかない
・盗まない
・溺れない、淫らにならない
・欲をかかない

◎「ニヤマ」の教え

・清潔にする
・足るを知る
・苦難を受け入れる
・学習する
・神を信じ、ゆだねる

「ありがとうございます」
と思えれば、
またひとつ成長できる。

第4章

天と
つながって
生きる

信仰心を養いましょう

インドで生まれたヨガは神に出会うための実践の哲学であり、神を体験する実践の教えです。

現在、ヨガは世界中で親しまれていますが、そのほとんどが「健康体操」という解釈になっています。それでも、もちろん恩恵はあるのですが……。

ヨガの故郷インドではすべての人が信仰をもち、おおらかな心をもっています。そのため、わざわざ「信仰が大切である」ということを言う必要がありません。

ところが今の日本では、素朴な信仰をもっている人は非常に少なくなりました。「信仰心をもったほうがいい」などと言うと、まるで宗教の勧誘のように思われてしまいます。

私の主宰している会は、「サイエンス・オブ・エンライトメント」といい、悟りへの道を指導しています。その中には究極のサマディ（悟り）への道も含まれます。

出家した修行者も在家の修行者もいます。そのすべての人に、まず内側の神秘への扉を開くために高次元のエネルギー伝授をします。それは心（マインド）を浄化して「本当の自分」、源の存在につながる「ディクシャ（瞑想秘法伝授）」です。

出家者にはいつも私のそばにいるというメリットがあって、彼らは与えられた密かな修行をしつつ魂の浄化をしています。

ですから、瞑想の合宿に参加するのは、ほとんどが在家の修行者です。その在家の修行者に対し、長年「信仰が大切です」と、合宿中や入門してから言わなかったのです。神、真理に出会う実践である真のヨガの教えに、信仰が大切であるなど、言う必要もないくらいに当たり前のことだと思っていたからです。

ところが、そうではありませんでした。日本にはもう素朴な信仰がなくなってしまっているようなのです。これは由々しき事態です。ヒマラヤ秘教の実践はテクニックだけでは完成しません。源への道には信頼のスイッチオンが欠かせません。

悟りへの道には、マスターに対する揺るぎない信頼と、揺るぎない信仰が必要です。信仰は本来、修行の中に含まれるもの、修行の一部なのですから。

あなたの中には素晴らしい存在があって、いつもあなたを支えてくれています。その存在は、あなたに勇気と安らぎを与えてくれます。

そのような源にある「本当の自分」に出会うためには、瞑想するだけではなく、まず自分を信じ、見えない存在である神を信じなければいけません。

つまり、揺るぎない信仰が必要なのです。

ですから、日々の暮らしの中で、信仰心を養っていくことを欠かさないようにしましょう。そのためには日々、「神の力」を感じ、感謝することです。

まず自分を信じ、
見えない存在である
神を信じる。

あらゆるところに「神の力」があります

私たちを生かしてくださっている生命エネルギーは、根源の力です。それを、私たちは「すべてを創造する神の力」と呼んでいます。

神様というと「天にある崇高な存在」を思い浮かべがちですが、私たちが「神の力」と呼んでいるものは、そこにだけあるのではありません。ありとあらゆるところにある、つまり遍在しているのです。あなたの中にもそれはあるのです。

生きよう、生きようとすれば、そこには生命エネルギーが働き、様々なドラマが展開されていきます。

どこか物事がスムーズには進まない時、人の心（マインド）が「神の力」の働きを理解していなくて、自分の力で生きていると思い、そうした行動をしているのです。
「すべてを創造する神の力」は、人間をはじめとするすべての生命、すべての物質に働きかけています。私たちが肺呼吸をする力もそうです。植物が呼吸や光合成をするのも、「創造の源の力」によってなのです。

例えば、手で目の前のティーカップを持ち上げる、という動きです。持ち上げよう、という自分の意思で手の筋肉が働いて、持ち上げたのだと考えていることでしょう。しかし、それをより詳しく見るなら、生命エネルギーがなければ、筋肉がそこにあってもティーカップを動かすことはできないのです。

オリンピックに出場する重量挙げの選手は、筋繊維も太く、ものすごい筋肉をもっていることでしょう。しかし、重量挙げの選手が死んでしまえば、そこにいくらすごい筋肉があっても、ティーカップひとつ動かすことはできません。

このように「神の力」は、私たち一人ひとりの中にもちゃんとあるのです。

物事がスムーズに進まない時、
自分の力で生きていると思い
行動をしている。

本当の教えがないのです

２０１６年６月に国連本部で世界平和のスピーチをさせていただきました。

世界では、あちらこちらの国でまだまだ戦争が起こっています。人々の争いは絶えることがありません。

それは、本当の教えがないからです。

今、世の中でヨガがブーム、瞑想がブームになっていても、それは基本的にビジネスのためなのです。

体を良くしたい、健康食を食べたい、体を整えたい、忙しいからリラックスしたい。疲れて鬱になってしまったので休んで回復したい。そしてヨガや瞑想で得たせっかくのエネルギーをさらにビジネスのほうに、エゴ（自我）のほうに使っているのです。

そのような瞑想ではなく、真理を知る、「本当の自分」に戻っていくための瞑想をしましょう。神を知るため、エゴの目的ではない瞑想を行いましょう。自己を知ること、またみんなの幸せのための瞑想を行いましょう。


本当の瞑想は、心（マインド）を手放し、純粋になって、自分はいったい誰であるのか、ということを体験していくのです。

そのために、ヒマラヤ聖者がサマディ（悟り）で発見したテクニックと叡智を正しく使っていきたい、と私は考えています。正しい指導者に出会って瞑想修行をしていただきたいと願っています。

私たちの体という小宇宙を、純粋にして、平和にしていきましょう。そうして、みんなで知恵を出し合い、調和の社会をつくるために助け合いましょう。

許し合い、理解し合う、そうした世の中になっていくためにも、一人ひとりが真理に出会っていかなければならないのです。

神様が与えてくださった体と心をもって、いったい何のために私たちはこの世界に生まれてきたのか？

本当に短い期間なのです。私たちは50年、１００年、その間だけこの世界にお邪魔して、また元の世界に還っていかなければなりません。

だからこそ、この体をいただいている間に何をするのか？　ということです。

愛をもって、理解をもって、良い行為をしていきます。良い言葉、思いやりのある言葉を発していきます。

そして、思いはクリエイティブに、相手の幸せを願い、自分を愛します。そういう考え方をしていくのがよいと思うのです。

みんなで許し合い、理解し合う、平和な世の中をつくっていきましょう。そのためには、人類みんなが瞑想を始めるとよいと思うのです。

相手の幸せを願い、
自分を愛する。

仏陀も歩いた道です

瞑想はテレビでも紹介されて、今ではブームになっています。ヒマラヤシッダー瞑想は、ヒマラヤ聖者が発見した、「本当の自分」に出会うための実践法です。瞑想は、仏教で言えば「禅」です。

釈迦牟尼・仏陀も6年間、あちらこちらの先生を訪ね、真理を求め、本当の平和を求め、あるいはパワーを求めて旅をしました。

いろいろな先生に出会い、道具を用いたり、奇抜な修行や体を痛める苦行をして骨と皮だけになって、それでもまだ瞑想にはなかなか出会うことができませんでした。

断食もして、もう息も絶え絶えで最後のステージにとどまり、菩提樹の木の下で瞑想をされました。そうやって内側を見つめ、原因があって結果があるという「因縁の法則」に気づき、悟られたのです。

仏陀は、今から2千5百年くらい前に生まれましたが、その遥か以前、5千年以上昔から、ヒマラヤには、深い瞑想をし、究極のサマディ（悟り）に入っている聖者がいたのです。それが歴代のヒマラヤ聖者たちです。源の存在に出会いたい、神に出会いたいと、瞑想をして真理に出会っていく、真理を究めていくためにずっと自分を実験台にして修行を行っていたのです。

インドの人は現在も、神を信じて、信仰深い生活をしています。そして神とマスターに守られて社会生活をしています。そのカルチャーは根強いのです。

インドの人はみんな、スピリチュアルな師をもっています。家族のマスターです。グルです。そうして、精神的なこと、良い「カルマ」を積みなさいと指導を受け、神に捧げ、人々がお互いに助け合う風習があります。

さて、最近よく言われる「ポジティブシンキング」は、5千年前からすでにここにありました。最高の「ポジティブシンキング」は、神を一心に思うことなのです。それは消耗ではなく安らぎで、パワーをいただくのです。

みんな、そこから生まれ、そこに還っていく存在であるのに、今ではそのことをすっかり忘れてしまい、自分は体だと思い、自分は心（マインド）だと思って生きています。見えないところに感謝もしません。

私たちは、いろいろと外側のことに忙しすぎ、それだけで人生を終えてしまう人も多いのですが、インドの人たちは神に出会いたいというカルチャー、信仰をもっています。若い時から、もっと自分の内側の真理を知りたいと出家したり、瞑想をしたり、いろいろな修行をする人たちがおり、子育てが終わった後やリタイア後に、最終的に神に出会いたいと、お寺や聖地を回り行脚していく人たちもいます。みんな、瞑想をして、神とつながり、自分を知り、浄めていくのです。それは体が病んでいるからとか、精神的に大変で神にすがるということではなく、自分がさらに成長するために行われるのです。

私たちの思いと行為のすべてが、自分をつくっています。今までの自分の行為、考えていること、話していることは、全部自分に返ってくるという「因縁の法則」です。自分が自分をつくる、自分は自分の作品なのです。だからこそ、私たちも自分の生き方に責任をもたないといけません。

悠久の昔から、ヒマラヤ聖者が探求した真理への道。ヒマラヤシッダー瞑想をして、源の存在に、神に出会っていく。仏陀も歩いたその道には、今を生きるあなたへのメッセージがあります。

最高の「ポジティブシンキング」は、
神を一心に思うこと。

瞑想は高級な修行なのです

私たちの心（マインド）と体は、とても複雑なシステムで、神秘に満ちています。神経ひとつをとっても、手術の際、間違ったところを切ってしまえば、内臓がうまく働かなくなったりします。

この心と体を良くしていくには、どうしたらいいのでしょう？

人間はもっと幸せになりたいと、素晴らしいもの、ありとあらゆるものを次から次へとつくり出しています。そういう素晴らしい能力がある一方で、どうして、世の中にはこんなにたくさんの苦しみが生まれているのでしょう？

先の心配をせず、日々を安心して、心と体をコントロールして生きていくことができる。それがヒマラヤの恩恵です。

ヒマラヤ聖者はすべてを捨て、「本当の自分」と対峙《たいじ》し、さらには死を超えて発見したのです。どうしたら幸せになれるのかということ、人間が神のように生きられるということ、私たちの本質は素晴らしいということをです。

真の幸せを得るためには何をしたらいいのでしょうか。今までやってきても得られなかったのは、見落としがあるからです。自分の見えないところに真理があるのです。それを知るのです。そのために内側への旅をするのです。

私たちの内側を整理整頓し、よみがえらせるのです。そのためには、いったいどうしたらいいのでしょうか?

私は、それをヒマラヤからもち帰りました。

ヒマラヤの修行のメインは、瞑想です。

ただ座っているだけでは、退屈したり、イライラしたりするかもしれません。「足がしびれた」「美味しいものを食べたほうがいい」「電話をかけに行きたい」などと、あなたの心（マインド）はいろいろ働くことでしょう。それを「今にいなさい！」と落ち着かせます。

最初が肝心で、はじめに正しく教えてもらうことが必要です。瞑想というものは、自分の内側を整え、「本当の自分」に、源に還っていくという、すごく高級な修行なのです。

瞑想して内側を整えることで、良いエネルギーを引き寄せ、正のスパイラルが生まれます。それによって自信や安心感が生まれ、様々なこだわりや「カルマ」がほどけていくことでしょう。

瞑想秘法を拝受して修行することで、やがては細胞が輝き、魂が輝くようになります。理解力が進化し、怒り、悲しみ、恐れ、そういった感情は溶けて、内側が平和になっていきます。愛が育まれて、理想的な人格になっていくのです。

やがては細胞が輝き、
魂が輝くようになる。

インドの人たちは聖者のパワーを求めます

インドの人たちは聖者を尊びます。

聖者とは、エネルギーすべてが浄まり、神とともにあることのできる、高次元の存在です。尊敬の気持ち、素直な気持ちで会えば、パワーをいただけ、浄められ、心地よさを感じることができます。

聖者との出会いを、インドでは「ダルシャン」と呼びます。ヒマラヤ聖者との「ダルシャン」は特別です。

ヒマラヤ聖者に会うと、みんな純粋になり、子どもになります。聖者はジャッジ（批判・非難）しないので、ありのままのあなたを見ます。利口そうにふるまう必要もなく、馬鹿にされないために知識の鎧《よろい》をまとう必要もないのです。

虚勢を張った自分は「本当の自分」ではなく、ある役割を演じている自分です。こだわりを取り、無心に、素直になれば、とても自由で楽になれるのです。

そうやって、マスターを信頼することによって、あなたの素直で純粋なエネルギーと、マスターの純粋なエネルギーが交流し、高次元からのエネルギーがあなたの中にも流れ込み、自然に浄まっていくのです。

それがくり返されれば、あなたは真に幸せな人に生まれ変わっていくことでしょう。

それが、聖者との出会い、「ダルシャン」です。

そのような理由で、インドではみんなが「サマディマスター」の私に会いに来ます。

そして、悟りの聖者として、家が浄まるからと家にも呼ばれるのです。家へ招かれた際は、まず私の足を洗ってくれ、祈ります。足は源のパワーが流れ出るところだからです。

聖者の足を洗ってきれいに拭き、お祈りをし、お布施をします。「この家を浄めてくださって、ありがとうございます」ということなのです。

これはマスターを供養する「プジャ」という祈りの儀式です。マスターに愛を捧げ、パワーをいただく、至高なる存在、神として対応するという、仏陀以前のかなり前の時代から続く伝統の儀式です。

究極のサマディ（悟り）を成したマスターは特別です。その方をお招きし浄められた家は福を招来するとされており、だから聖者は尊ばれ、家へ迎えられるのです。

インドでは、みんなそうやって聖者のパワーを求め、「ダルシャン」をくり返します。ヒマラヤ聖者や、修行をして超能力が現れ有名になったマスターとの出会いを、生涯かけて必死で探し求めるのです。

なぜなら、それが魂の願いであるからです。

ヒマラヤ聖者に会うと、
純粋になり、子どもになる。

相手の中にも神様がいます

あなたが人と会った時、挨拶をするでしょう。挨拶はとても大切です。

相手の中にも、当然ながら神様がいます。肉体はお社《やしろ》です。

人と対面した時、相手の中の神様に出会い、尊敬して信頼を送りましょう。出会いに感謝しましょう。愛を送ります。そうやって、お互いに尊敬し向き合っていると、良い人間関係になるのです。

どんな職業だろうか、良い性格か悪い性格か、そのような外側のいろいろな違いを見ていると、心（マインド）のみが働きつい差別をしてしまいます。自分より下に見て粗末にしたり、逆に自分より上だと感じてへつらったりしてしまうのです。

そうではなく、自分の思いを取り外して、無心でその人の心の奥にある、純粋な存在、神のクオリティに対面する気持ちで、人と出会いましょう。いろいろな体験をしている人は、あなたに気づきを与えてくれる学ぶべき対象です。

目の前に現れる人は、どの人も、あなたの成長のために必要な人なのです。感謝の気持ちで接し、もし嫌な思いをしたら、自分のエゴ（自我）の心（マインド）が反応しているんだな、と理解するのです。そして、「どうしてだろう？」と気づきをもって、学びにしていきましょう。

私たちはいろいろなエネルギーからできています。内側には7万2千ものエネルギーの流れがあり、怒りのエネルギーや愛のエネルギーなど、様々です。そして、それぞれにセンターがあります。

インドでは、そうしたいろいろなエネルギーの源が、すべて神様となっているのです。知恵の神様、富の神様、愛の神様、ヒーリングの神様、人を救いに行く神様もいます。

実にいろいろな神様がいらっしゃって、自然界の力にも神様の名前はついています。それは日本と同じく「八百万《やおよろず》の神々」なのです。

人は宇宙の素材でできています。そこにはいろいろな力があり、いろいろな神様がいるということなのです。

そのなかでも、「慈愛」は見返りを求めない、人を幸せにする高度なエネルギーです。このような良いエネルギーを意識して自分の内側に発達させていきましょう。

目の前に現れる人は、
どの人も、
あなたの成長のために必要な人。

マスターからの秘法伝授

健康に生きるにはどうすればいいのでしょう？

幸せに生きるにはどうすればいいのでしょう？

その答えを知るための、いろいろな教えが世の中にはあります。

なかでも、ヒマラヤの聖者は「本当の自分に出会う旅」をしました。「本当の自分」は源にあるすべてを生かしめている存在です。それは一人ひとりの中に確かに存在するのです。それに出会わなければ、どんなに欲しいものを手に入れて成功しても、お金持ちになっても幸せになれないのです。何かが不足していると感じるのです。

そして何より、「本当の自分」には、神のクオリティがあります。神聖な存在です。

瞑想はその神聖な存在になっていき、それに出会う営みです。それが「本当の自分に出会う旅」です。

インドの人たちは「本当の自分」に出会うため、自分を導いてくれる「本物のマスター」を探し求めます。なぜなら、本物のマスターはそこに行ったことがあり、神になって内側に知恵をもち、パワーをもってそこにガイドできる存在だからです。

本物のマスターに出会ったら、聖なる波動、エネルギーの伝授を受けます。自分の「カルマ」を浄め、内側を目覚めさせてくれるのです。そして、聖なる音の波動（マントラ）をいただいてから、瞑想の許可が下りるのです。マスターからの秘法伝授は、ヒマラヤの伝統です。そうしてガイドをいただき、守られながら、安心して修行ができるのです。

実は、自分勝手に本で学び瞑想をするのは、危険なことでもあります。またマントラ（真言《しんごん》）を唱えるということは、その波動が自分の内側に入ることなのです。それによってどういう結果をもたらすのか、本人がよくわかっていません。ですからマントラも由緒正しいもの、「シッダーマスター」によって直接に伝授されるものがよいのです。本などからのマントラはダメなのです。

ヒマラヤ聖者から伝えられるマントラ（真言）にも様々なものがあります。生きるパワーをいただくマントラ、頭の良くなるマントラ、悟りのマントラ、癒やしのマントラ、成功するためのマントラ、災いを取り除くマントラ……。

例えば、がん細胞をやっつけるレーザーでも、その波長によってどこに届くか違ってくるのですから、その道をよく知っているマスターから伝授を受け、正しく自分の内側を浄化していっていただきたいと思います。

修行して純粋になり、神と一体になった「サマディマスター」「シッダーマスター」が懸け橋になるなら、あなたの内側は根源に到達することができるでしょう。

私たちの内側の曇りである「カルマ」。日々思ったこと、話したこと、行ったことが記憶として刻まれ、曇りとなり、あなたの運命を決めます。「カルマ」は、あなたの性格、わかっているのにやめられない「心の癖」を生んでいます。

それを変えることは容易ではなく、栄養価のあるものを食べても、良い空気を吸っても、あなたの内側はあまり変わりません。だからこそ、マスターの純粋なエネルギーをいただき、聖なる波動で毎日、内側のお掃除をしていくのです。

ヒマラヤの伝統である聖なる波動は、これまで日本には伝えられていませんでした。秘密の教えだったのです。

また、個人的な伝授は許されていても、その教えを公に開示することはできません。なぜなら、そのパワーが悪い人の手で悪いことに使われたら困りますし、正しく取り扱わないと、その人自身に災いをもたらすことになるからです。

「本当の自分」には、
神のクオリティがある。

マントラ（真言）をいただきましょう

私たちは、本当はどういう風に生きていけばいいのでしょう？

せっかく心（マインド）と体をいただいて、この世に生まれたわけです。もっともっと、みんなのために、この世を良くしていくために自分のエネルギーを使っていきましょう。もっているものを分かち合い、愛を分かち合う、知恵を分かち合う、力を分かち合う。分かち合う生き方をして、みんなを助けていくのです。

しかし、良いことをしなければ、親切にしなければと、無理に頑張ってやろうとしても、すぐに疲れてしまいます。

また、無理してお芝居をしていると、どこかいやらしい人になってしまいます。もっと自然に、内側からパワーが湧いてくるような生き方をしたいものです。

そのためには、宇宙のパワーの強い応援をいただき、自分の内側を浄めながら、良い生き方をするといいのです。


お勧めしたいのは、マントラ（真言）をいただき、瞑想して良い波動につながることです。自分の中の根源の波動を目覚めさせていくのです。

マントラの良い波動につながることで、自分のそれまでの考え方、心（マインド）につながらなくなります。心（マインド）につながっていると、つい自分の物差しでものを見て、「あの人はああだ、こうだ」とジャッジ（批判・非難）をしてしまいます。

否定的な心（マインド）につながって、「あの人は嫌い、こういうタイプの人は嫌い」とうっかり思ってしまえば、否定的な波動が自分から出てしまいます。相手もそれを受け取り、「この人には嫌われている」と感じ、お互いに友好的なエネルギーは生まれないでしょう。

ですから、「本当の自分」の波動に近いマントラをいただいて瞑想し、良い波動につながりましょう。

マントラを1日何分か唱え瞑想すると、その波動が余韻として、自分の内側に残ります。その波動につながっていると、内側が浄められ、あなたの根源へと近づいていくのです。否定的な生き方が消えて、どんどん良いエネルギーが充電していくことでしょう。

高次元の波動につながっていると、守られていることが感じられ、「みんな、神様の子なんだ」と自然に思えるようになります。「みんな、頑張って生きている。ご苦労様」という気持ちにもなれますから、誰もジャッジ（批判・非難）しなくなるのです。

それは、神聖な愛です。自分を愛し、まわりを愛する力であり、理解する力です。

功徳が積み重なっていけば、1年、2年、3年と人相も変わってきます。

いつまでも若く、癒やしの力が湧いてくるので、病気にもなりません。

やさしさ、愛、平和、慈しみ、様々な理解を深め、いろいろなことがクリアになり、深遠な人格になっていくことでしょう。

良いことをしなければと、
無理に頑張ると、疲れてしまう。

第5章

宇宙は愛に満ちている

宇宙と人のはじまり

宇宙には、すべての創造の源、神によって創られた、さまざまな創造物があります。ヒマラヤ秘教の教えによると、最初に「プルシャ(根源の純粋な存在)」が現れました。そのすべてを生かすエネルギーの元「プルシャ」から「シャクティ(力)」が生まれ、物質をつくる元「プラクリティ(根本原質)」が生まれたのです。それらが干渉して、次々と創造物が創り出されてきたのです。この物質の源の存在から、まずは「光」が現れ、「音」が現れます。「空(アカーシャ)」、さらには「風」「火」「水」「土」という、宇宙を構成する基本の5つの要素が現れたのです。これらはインドのヴェーダ哲学の考え方です。

「光」と「音」については雷の現象を見るとわかるように、まず「光」が現れ、その後

「音」が現れます。そうしてエネルギーが動きます。それらを含む「空」が現れます。「空」はすべてに隙間を与え、リラックスさせてバランスをとる力があります。「風」は空気を浄める力、「火」は変容させる力、「水」はすべてを浄める力、「土」はすべてを生み出す力をもっています。

存在の源に、これらの「光」「音」「空」「風」「火」「水」「土」のエネルギーが現れ、それまで目に見えなかったものが、目に見える物質になっていきました。つまり、物質が現象化していったのです。

このような創造の様々なプロセスが、今も宇宙では起きています。引き合う力（引力）と反発する力のバランスをとりながら、創造と破壊をくり返し、良いものを保ち、また新たに育てているのです。

惑星と惑星が引力で引き合い、バランスをとる広大な空間で、新しい星が生まれては消滅します。地球でも「光」「音」「空」「風」「火」「水」「土」の7つのエネルギーが常に引き合っていて、混ざり合い、新しい性質の物質をつくり出しては、同時に消滅もしていきます。植物や動物が生まれ、増え続け、役割を終えて消滅し、また新しい生命が誕生していく。これらすべてが宇宙の創造の営みであり、神秘です。

当然、人間もそうした中で生を受けています。人間の体も「光」「音」「空」「風」「火」「水」「土」のエネルギーからできています。

そして、生きるため、幸せになるために成長し、男性と女性は引き合い、子孫をつくります。必要なものを引き寄せ、必要なものを食べて、どんどん成長していきます。しかし、それぞれの生物は本来、何を引き寄せ、何を取り込めばいいか、太古の昔からプログラミングされて習性としているのに、人間だけはいったいどうなってしまったのでしょう？

思考し記憶する心（マインド）が生まれ、それを使って便利さ快適さを追求するあまり、内側にはエゴ（自我）が生まれてしまいました。内側のメカニズムを発達させ、成長とともに心（マインド）も使い続けて、エゴがどんどん肥大化してきたのです。このように成長が屈折してしまい、苦しむことが人生となってしまったのです。

心（マインド）を使い続けて
エゴを肥大化させると、
苦しむことが人生となる。

宇宙は音でできています

誰もがいろいろなことを抑え込み、表面では元気を装っています。

何か仕事をして、その仕事に没頭していれば、あれこれと考えてはいられないでしょう。何かを夢中で行っている状態では元気かもしれませんが、家へ帰って仕事を手放した時、素の自分に戻った時はどうでしょう。寂しさが訪れたり、誰かに対する恨みがよぎったり、未来に対する不安や老化することに対する不安をおぼえたり……、どっと疲れてしまうのです。

心（マインド）が勝手に思考のゲームを始めてざわめきます。それは心で生きているからであり、心（マインド）が整理整頓されていないからです。

何か好きなことがあり、それをできる体力があり、集中している時はいいのです。しかし、そればかりを24時間やっているわけにもいきません。

好きなものを買い、美味しいものを食べ、いろいろなことを見て聞いて、好きなことをやっていれば気が紛れますが、それらはすべて感覚と心の喜びに過ぎません。素の自分に戻った時、いろいろなものが潜伏していることに気づくのです。理解せずにうやむやにしていることがあるかもしれないし、病気が潜伏しているかもしれないのです。

それらに気づき、内側を浄めて自分を良い作品にしていくのが、ヒマラヤシッダーマスターの恩恵です。ヒマラヤシッダー瞑想をし、高次元の良いエネルギーにつながることで、内側を変えていくことができるのです。

修行して、良いエネルギーと一体になっていきます。

あなたの奥深く、「本当の自分」である純粋な存在につながって、さらに根源へ到達するために、音の波動（マントラ）、聖なる音に乗って内側への旅をしていきましょう。

宇宙は音でできています。だから、創造の源にも音があるのです。

あなたが聖なる音と一体になっていけば、その音が根源の静寂にあなたを導いてくれます。そういう聖なる音の波動（マントラ）を、ヒマラヤ聖者は究極のサマディ（悟り）で発見したのです。その聖なる音の波動は、ヒマラヤ聖者からいただくことで神秘の力を発揮します。「ディクシャ（瞑想秘法伝授）」というエネルギー伝授の時に伝授していただけるのです。

その聖なる音の波動（マントラ）を内側で育て上げていけば、レーザーを当てた体の中の悪いものが焼けて消えていき、きれいになっていくように、ストレスや「カルマ」は浄化され、あなたは日々生まれ変わることができるのです。

内側が心（マインド）によって煤《すす》けていても、源に向かい浄める音の波動や光の波動があります。しっかりと真理に到達する波動があります。レントゲンやＣＴスキャンが、体の見えないところに到達するように、その波動は神へとつながり、「アヌグラハ」という神の恩寵《おんちょう》になって降り注ぐのです。

好きなことをやれば
気が紛れるが、
感覚の喜びに過ぎない。

宇宙の源には3つのエネルギーがあります

「スーパーコンシャスネス」という言葉は、神という意味で英語の表現です。つまり生きているこの宇宙には、源があって、それを英語で「スーパーコンシャスネス」と言うのです。

日本語にすれば「梵天《ぼんてん》」、インドでは「ブラフマン」と言います。

その宇宙の源から、3つのエネルギーが分かれてきます。今の科学で言うなら、電子・陽子・中性子のような微細な物質の元があるのです。

ヒマラヤ秘教、そしてインド哲学では、その根源の3つのエネルギーを「ブラフマ」「ヴィシュヌ」「シヴァ」と言います。

「ブラフマ」は、創造する力。この宇宙を創造する神様です。

創造神は「ブラフマ」なのですが、実はインドで人気があるのは「ヴィシュヌ」です。「ヴィシュヌ」は愛の神様です。愛は結合し、新しいエネルギーが生まれ、この宇宙の創造が維持されていくのです。「愛と愛でみんながつながっていって、どんどん良い世の中にしていきましょう」という思いがあって、インドでは人気があるのでしょう。「ヴィシュヌ」は仏教の神様としても伝わり、日本では観音様になりました。

そして、3つ目の「シヴァ」は涅槃《ねはん》のエネルギーです。悪いものを全部破壊します。だから、憎しみや否定的な心の働きも鎮め、静寂をもたらすのです。また、「本当の自分」と一体になり、さらに至高なる存在と一体になる究極のサマディ（すべての煩悩の火が消滅した、安らぎの境地）に入るエネルギーであり、究極のサマディに入り真理を体験した後、新しい純粋な創造が始まるのです。

そういった3つのエネルギーが、宇宙の源からは生まれていて、それは私たちの根源にも存在しているのです。

英語で神を「GOD」と言いますが、「G」はジェネレーター、創造すること。「O」はオペレーター、維持すること。「D」はディストラクター、破壊すること。

つまり「GOD」とは、ヒマラヤ秘教やインド哲学が言う、宇宙の源にある3つの「ブラフマ」「ヴィシュヌ」「シヴァ」のエネルギーと同じなのです。

すべては通じているのです。

私たちの中で眠っている、そのような「GOD」、根源のエネルギーを目覚めさせていきましょう。

宇宙の源からの
エネルギーは、
私たちの根源にも
存在している。

真の深い愛に目覚めてください

以前、家族に対する執着で悲しみ苦しんでいる母親をガイドしたことがあります。

彼女には、成人して彼女のもとを離れた子どもがいました。しかし、お互いに自分勝手で、責め合い、束縛し合い、離れもしたのに、どうしても相手に対する執着の思いがなくなりません。

解決のためには、母親である彼女に気づきが必要でした。

自分は何のために生まれてきたのか？

子供は親の所有物なのか？

その執着はなくならないものなのか？

子どもの思い、母親の思いはそれぞれにあり、お互い相手に「こうあってほしい」「こうしてほしい」と願うものです。しかし、その願いはそれぞれの価値観からきたものに過ぎず、「その人のためだから」という主張を言い訳にした、エゴ（自我）の押し付けに過ぎないのです。

真の深い愛からの願いではありません。ですから、相手の行為を限定してしまい、相手の心（マインド）や自分の心に執着をつくり、罪の意識を植え付けたり、不安にさせたり、あるいは寂しがらせたりと、お互い干渉し合い、引きずりおろし合う関係なのです。

常に、無償、無欲の愛でなければならないのです。見返りをまったく期待せず、ただ相手の幸せを願い、相手のためだけに行動する。そのような真の深い愛がもてるように、お互いが成長していかなければ、束縛し合い、依存し合い、ただ責め合うだけになってしまいます。

つい相手に期待してしまうというのは、心（マインド）に振り回されているということなのです。

そのことにみんなが気づき、無償、無欲でいられる真の深い愛というものを理解する人になっていきましょう。そうすれば、あらゆる道が開け、人々が束縛し合わず、それぞれの良い生き方を尊重していくことができるようになるのです。

そのような愛は、何もしないで、自然に湧いてくるものではありません。

自分の中のあちらこちらには様々な「カルマ」があり、執着する思いもあります。それらを考察して、気づき、覚醒し、浄化していくのです。深い瞑想を行って、理解して、それらを超えていくのです。

心と体を浄めて、自分の内側深くにある、真の深い愛を育んでいきましょう。

相手に期待してしまうのは、
心(マインド)に
振り回されているということ。

最も大切なのは愛です

インドの人の中にはすごく貧乏な人もいますが、そういった方でも自信にあふれた顔をしています。やはり、真理に、神様につながっているからです。

日本はすごく豊かな国ですが、今の日本人には何かが足りません。テクノロジーが発達し、いろいろ使いこなしているようですが、何かが不足して見えます。本質のところへの信頼がないと、本当は寂しかったり、悲しかったりするのを隠し、虚勢を張って生きているのです。これからはぜひ、深いところから自信にあふれ、輝いて生きてほしいのです。

そのために、最も大切なものが愛です。

私たちの内側の深いところには宇宙的な愛があります。あふれる愛の海です。それは魂から生まれる存在です。知恵の愛があり、それは「仏陀（ブッダ）」のクオリティ、仏性です。仏陀とは悟りの存在という意味です。

あなたの中にもそれがあります。それに出会って一体になることが「本当の自分」になること、セルフリアライゼーション、「自己の悟り」です。

巷ではよく「自己実現」ということを口にしますが、それはあくまで、やりたかったことがやれるようになり、何らかの目標を達成した、ということを言っているのでしょう。心（マインド）の何か特殊な能力と一体になることで、ひとつのことを成し遂げたことを言っているのに過ぎません。

本当の「自己実現」とは、真の自己、「本当の自分」を知っていくことなのです。その自己をサンスクリット語では「アートマン」と言い、大きなアートマンが「パラマアートマン」、これが大いなる神なのです。そこには限りない愛と、パワーと、知恵があり、私たちもそこから生まれたのです。

しかし、ほとんどの人は「本当の自分」を知ろうとせず、真理がわかっていません。心と体だけが、自分だと思っています。

ですから　私は「ディクシャ（瞑想秘法伝授）」によって、まず「シャクティパット（エネルギー伝授）」でその人の深いところを目覚めさせていくのです。さらに聖なる音の波動（マントラ）を授けます。その波動（マントラ）を唱え瞑想し、自分の内側深くにある源とのつながりを深め、源の愛とパワーを引き出していくのです。

そうすることで、あなたの運命の設計図である「カルマ」を溶かしていきます。あなたは災いから守られ、どんどん幸運を引き寄せられるようになるのです。

あなたの中にも
仏性がある。

私たちは愛の存在なのです

2018年3月、ニューヨークで「女性のためのサミット」がありました。私も招かれ、「世界の平和と発展のため、女性のリーダーに何ができるか?」というテーマで基調演説をさせていただきました。

世界には、まだまだ女性の地位が低く、女性が苦しめられている国々があり、国連は各国に「女性の権利をもっと認めて、女性の地位の向上を」と呼びかけています。

例えば、職業において女性がリーダーに登用される機会がまだまだ少ないこと、パワハラ、女性蔑視の問題などもあります。女性ももちろん意識を高めていく必要があるのですが、男性も女性をもっと尊敬していく必要があるのです。

人はみんな、女性から生まれてきました。女性は「母」なる精神をもっています。「母性」というのはとても素晴らしいものです。慈愛に満ち、自分の命を犠牲にしてでも子どもを育む、無償の愛なのです。

インドには実にたくさんの女神様がいます。有名なのは「サラスワティ」と「ラクシュミー」、日本では学問や芸術の神様の「サラスワティ」は「弁財天」、富の神様の「ラクシュミー」は「吉祥天」の名前で親しまれています。

女神が多いインドでは、女性性というのは「プラクリティ（根本原質）」と言って、すべてを創る、創造の源のエネルギーとされているのです。そこに「プルシャ（純粋精神）」という純粋なエネルギーが合体して、宇宙は展開していくことになります。それが「ヨガ」であり、調和を意味するものです。

つまり、男性性のエネルギーももちろん尊いのですが、女性性はこの宇宙を創り出していく、素晴らしい基本エネルギーをもっているということです。宇宙はこの基本のエネルギーに満ち、私たち女性の根源もこの素晴らしいエネルギーに満ちているのです。

女はこうあるべきだ、男はこうあるべきだ、といった世の中のいろいろな価値観もあるでしょう。しかし、やはり男性は家族を守り、種の存続を担う役割をもっており、女性は生命を生み育んでいく慈愛をもっているのです。男性と女性は敵対するものではなく、お互いに尊敬し合っていかなければなりません。

女性だけでなく、もちろん男性にも、慈しむ心があって、愛があります。男性と女性の愛によって生まれた私たちの本質は、愛そのものであり、神に愛された存在なのです。

私たちの内側にある愛を、ヒマラヤの恩恵によって目覚めさせていけば、みんなが「愛の人」になり、「平和の人」になるでしょう。

そのためのプラクティス（最も効率の良い手法）が、瞑想なのです。

愛によって生まれた
私たちの本質は、
愛そのものである。

宇宙の意志は愛なのです

愛とは、宇宙に充満するエネルギーです。

私たちは愛によって生まれました。

そして、恵みという愛をいただき、あらゆるものが生かされ育まれています。

愛とは、太陽のような存在です。もし光がなくなったら、生命もなくなってしまうことでしょう。


光も水も空気も、そういった宇宙のすべてを生かしめている自然の力は、愛なのです。

宇宙的な愛であり、その営みは、小宇宙である私たちの中にもあります。

私たちの奥深くには、愛の海があって、私たちは愛だけで生きて、生かされているのです。

そのことに気づき、もっともっと感謝していきましょう。

そうすることで、内側から満たされ、「平和の人」になるのです。

私たち一人ひとりが、愛と平和でこの世界を満たしていきましょう。

もっともっと
感謝していきましょう。

第6章

ヒマラヤシッダー瞑想体験

あなたが本当の自分に出会い、真理に出会うために、心（マインド）の曇りを取り除きます。

あなたはいったい誰なのか、探求していくのです。

この宇宙は常に動いています。そして、この小宇宙である肉体と心も動いています。体は誕生して生き続け、成長し、やがて死を迎えます。この体の細胞も同じように生まれまた生き続け、やがて死を迎えます。この心も生き続け、様々な欲望をもってその願いを叶えていきます。

様々な知識を吸収して、心（マインド）が発達していきます。心は過去から未来への、様々な思いを巡らし動き続けます。原因があり、結果があります。心はいろいろな願いを成就してこの世界に必要なものをつくったり、集めたりしていきます。

時に心は怒ったり、欲望に翻弄されたり、なぜ生きているのか、また自分のことがわからないでいます。そして心は常に動いています。心の働きが、曇りとなって、あなたの本質が隠されています。心の奥にあるものがあなたを生かしめているのです。欲望の湧いた心が何かを求めて得られないと苦しいのです。

常にあちらこちらを探し回り、心（マインド）に平和がありません。体もおなかがすいて、あれこれと欲望に翻弄されて動き回り、肉体が満足するものを探し求めて平和がありません。常にそうした心と体の欲に振り回され落ち着かないのです。

心が未来に行き、過去に行き、騒がしくしています。心は常に何かと比較して、何かがないと怒ったりします。落ち着かないのです。そして無知な心で、苦しむのです。心の奴隷になり、飽くなき欲望を満足させてもいっこうに幸せになることができないのです。


心が平和になるにはどうしたらいいのか、ヒマラヤの聖者は瞑想を発見しました。

神様に任せ、自分は内側への旅、瞑想をするのです。心を浄め、内側を整えるのです。あなたは外側の修行として善行をします。何も欲をもたない行為です。常に良い行為をします。良い思いをもちます。そして良い言葉を使います。そうした行為で、「カルマ」が浄まって、やがて心が静かになっていきます。

さらに内側からも心そのものを浄化していくのです。ヒマラヤのシッダーマスターは、どうしたら心が静かになり、どうしたら心（マインド）を浄め、心のすべてを知ってその源に到達することができるかを知っています。あなたの内側を高次元のエネルギーで溶かし、変容させることができます。なぜなら究極のサマディ（悟り）で、本当の自分を体験したからです。不死という、源の存在と一体になったからです。

そのエネルギーをシェアし、あなたの意識を進化させることができるのです。

今、私はあなたに呼吸を用いた瞑想を紹介します。呼吸は命の働きです。あなたの内側を目覚めさせ、お掃除をしてくれるありがたい存在です。

右の脳と左の脳を浄め、目覚めさせます。

しっかり座ります。

背筋を伸ばして座ります。

あなたの形を整えると心が平和になります。

呼吸に意識を向けます。
呼吸は生命エネルギーです。
鼻の先端に出たり入ったりする呼吸を見つめます。

まわりにいろいろな音が聞こえても気になりません。
息を吸い込みます。
それを見つめます。
息を吸うことで命を吸い込みます。
内側を目覚めさせます。
息を吸い込みます。
目覚めさせていきたいところに吸い込みます。
胸に吸い込みます。
そこで少し止まって、呼吸は自然に吐かれます。

吸って、吸って、それをおへそまで吸い込みます。
どれくらい吸えるでしょうか。
吸って、吸って、鼻の奥に吸気を入れ込みます。
さらにおへそに吸い込みます。
おへそは命のセンターです。
おなかに吸い込みます。

自然に吐かれます。
おへそは火のセンターです。
体を浄化し、変容させます。
すべての感情が燃えて平和になります。
いろいろな汚れが燃えて純粋になります。

吐く息は自然に任せます。そして、おへそで呼吸をします。
吸い込みます。
自然に吐かれます。
しばらく続けます。
そして平和になります。
5分したらこの部屋に戻ります。
あなたは元気によみがえり、平和な心でこの部屋に戻ってきます。

こうしてあなたの命の働きが強められ、平和になります。
1か月以上行う時は、シッダーディクシャ（瞑想秘法伝授）を受けてから行います。あなたの「カルマ」を浄める聖なる波動を伝授します。シッダーマスターに守られ安心して、さらに瞑想を取り入れ、悟りに向かっていくことができます。

おわりに

日本人は本来、スピリチュアルな、霊性の高い民族でした。いろいろな神々を身近に感じ、人や自然と調和する心をもっていました。

古代より、見えない素晴らしい存在、私たちを生かしてくれる、万物の源になる存在を信じて、神と崇め、恵みをいただくことで暮らしを営んできたのです。全国の村々には神社があって、人々は神に感謝の祈りを捧げ、守られてきました。

ごく自然に人々は神を信じ、神とコンタクトできていたのです。

しかし、現代では、そういった信仰を失いつつあります。神への感謝をなくしたせいで、多くの人が迷子になっています。そして物質文明が発達し、心（マインド）も物知りになり、一見進化したように見えますが、いくら知識が豊富でも、また物に満たされていても、どこかが満ち足りないのです。感覚や心を満たしても、それは心と体の体験であり、変化するものであり、やがて消えていくものなのです。

ヒマラヤ秘教の教えはこの体に神がいることを発見しました。そこにアプローチするのです。自己の探求です。それによって真理に出会う、つまり内なる神に出会うのです。そのことで悟りを得て、幸せになるのです。揺れない人になり、永遠の存在を手に入れるのです。

あなたはいまだ永遠の存在、不死の存在には出会っていないのです。ヒマラヤ秘教の教えは単に神に祈るのみでなく、あなたが、永遠の存在につながりそれを体験し、心の思い込みでなく、真理を体験していく、本人が変容していく実践の教えです。心を超えていき、永遠の存在と一体になるのです。それは悟りへの道です。

私は究極のサマディ（悟り）に達し、真理を体験したので、どうしたら人々が苦しみから解放されるのか、心（マインド）の曇りを取り除いて悟りを得ていくことができるのか、また不死になり、永遠の命を得ることができるのか、その鍵を知っているのです。

それはまず、見えない存在にしっかりつながり、お互いに分かち合う生き方、捧げる生き方から始めます。それが永遠の存在に近づく外側の修行です。人を助け、人を愛し、この体と心（マインド）に「カルマ」を積まないようにしていくのです。

あわせて、ヒマラヤ聖者のアヌグラハの恩恵をいただいて、変容して浄めるといいのです。それは信頼から始まるのです。そしてヒマラヤ聖者からの秘法の伝授を受けて、瞑想を始めるとよいのです。自分の中の神に出会うために、瞑想を始めて気づきを深めていくのです。

私たちの中には「本当の自分」がいます。それは神なのです。神が住んでいるのです。その神のパワーがあふれています。あなたは意識を覚醒させていきます。

心（マインド）の曇りで覆われた内側を浄め、目覚めさせましょう。心や体を超えることは、「本当の自分」に還っていくことです。気づきを深めます。

神性を引き出し、進化していきます。

今、地球は人間のエゴの営みによって、自然そのもののバランスが崩れ、環境破壊が進んでいます。世界各地で異常気象もひんぱんに起こっています。人類の存続が危ぶまれているような状況です。

ですから、今こそ、みなさんにヒマラヤシッダー瞑想を始めていただき、「本当の自分」に出会っていただきたいと思います。

心の奥底にある「本当の自分」が喜ぶ、魂が喜ぶ、本当の生き方をしてほしいのです。

そして、みなさんが「与える人」「愛の人」「平和の人」になれば、必ず明るい未来が開けていくことでしょう。みんなで世の中を浄めていき、愛に満ち、お互いに助け合い、人を傷つけない社会をつくっていきましょう。

私は、そのための道しるべとなりたいと思います。

ヨグマタ　相川圭子

ヒマラヤ大聖者の智慧
瞑想で「本当の自分」に出会う

発行日　2019年3月10日　初版第1刷発行

著者　ヨグマタ　相川圭子
発行者　笠原　久
発行　株式会社世界文化社
〒102-8187
東京都千代田区九段北4-2-29
03(3262)5124(編集部)
03(3262)5115(販売部)

印刷・製本　中央精版印刷株式会社
DTP製作　株式会社明昌堂

ISBN978-4-418-19500-8

カバー・本文デザイン／山口デザイン事務所(山口美登利・堀江久実)
編集協力／竹森良一
編集／富岡啓子(株式会社世界文化社)